LE
COLLIER
DE LA REINE

PAR

ALEXANDRE DUMAS.

X

PARIS
ALEXANDRE CADOT, ÉDITEUR,
32, RUE DE LA HARPE.

1850

Ouvrages du Marquis de Foudras.

EN VENTE

Un Caprice de grande dame.	5 vol.
Un Capitaine de Beauvoisis.	4 vol.
Jacques de Brancion.	5 vol.
Les Gentilshommes chasseurs.	2 vol.
Les Viveurs d'autrefois.	4 vol.
Les Chevaliers du Lansquenet	10 vol.
Lord Algernon	4 vol.
Madame de Miremont	2 vol.
Lilla la Tyrolienne.	4 vol.
Tristan de Beauregard.	4 vol.
Suzanne d'Estouville.	4 vol.
La comtesse Alvinzi.	2 vol.

Sous presse.

Dames de cœur et Dames de pique.
Le dernier des Roués.
Un Drame en famille.
Les Veillées de la Saint Hubert.
Le Commandeur de Pontaubert.

Ouvrages de A. de Gondrecourt.

EN VENTE

Les Péchés mignons	5 vol.
Médine.	2 vol.
La Marquise de Candeuil.	2 vol.
Un Ami diabolique	5 vol.
Les derniers Kerven.	2 vol.

Sous presse.

La Chasse aux diamants.
Le Bout de l'oreille.
La Tour de Dage.

Ouvrage d'Alexandre Dumas.

LA COMTESSE DE SALISBURY.
6 volumes in-8.

On vend séparément les derniers volumes pour compléter la première édition.

Impr. de E. Dépée, à Sceaux (Seine).

LE
COLLIER
DE LA REINE

PAR

ALEXANDRE DUMAS.

X

PARIS
ALEXANDRE CADOT, ÉDITEUR,
32, RUE DE LA HARPE.

1850

I

Les procès-verbaux.

A peine le roi était-il rentré heureux dans son appartement, signait-il l'ordre de conduire M. de Rohan à la Bastille, que parut Monsieur le comte de Provence, lequel entra dans le cabinet en faisant à M. de Breteuil des signes que celui-ci, malgré tout son respect et sa bonne volonté ne put comprendre.

Mais ce n'était pas au garde-des-sceaux que s'adressaient ces signes, le prince les multipliait ainsi à dessein d'attirer l'attention du roi qui regardait dans une glace tout en rédigeant son ordre.

Cette affectation ne manqua pas son but, le roi aperçut ces signes, et après avoir congédié M. de Breteuil :

— Pourquoi faisiez-vous signe à Breteuil? dit-il à son frère.

— Oh ! Sire...

— Cette vivacité de gestes, cet air préoccupé, signifient quelque chose ?

— Sans doute, mais...

— Libre à vous de ne pas parler, mon frère, dit le roi d'un air piqué.

— Sire, c'est que je viens d'apprendre l'arrestation de M. le cardinal de Rohan.

— Eh bien ! en quoi cette nouvelle, mon frère, peut-elle causer chez vous cette agitation ? Est-ce que M. de Rohan ne vous paraît pas coupable ? Est-ce que j'ai tort de frapper même le puissant ?

— Tort ? non pas, mon frère. Vous

n'avez pas tort. Ce n'est pas cela que je veux dire.

— Il m'eût fort surpris, Monsieur le comte de Provence, que vous donnassiez gain de cause, contre la reine, à l'homme qui cherche à la déshonorer. Je viens de voir la reine, mon frère, un mot d'elle a suffi...

— Oh! Sire à Dieu ne plaise que j'accuse la reine, vous le savez bien. Sa Majesté..., ma sœur, n'a pas d'ami plus dévoué que moi. Combien de fois ne m'est-il pas arrivé de la défendre, au contraire, et ceci soit dit sans reproche, même contre vous?

— En vérité, mon frère, on l'accuse donc bien souvent ?

— J'ai du malheur, Sire ; vous m'attaquez sur chacune de mes paroles... Je voulais dire que la reine ne me croirait pas elle-même si je paraissais douter de son innocence.

— Alors, vous vous applaudissez avec moi de l'humiliation que je fais subir au cardinal, du procès qui va en résulter, du scandale qui va mettre un terme à toutes les calomnies qu'on n'oserait se permettre contre une simple femme de la cour, et dont chacun ose se faire l'écho, parce que la reine, dit-on, est au-dessus de ces misères?

— Oui, Sire, j'approuve complètement la conduite de Votre Majesté, et je dis que tout est pour le mieux, quant à l'affaire du collier.

— Pardieu! mon frère, dit-il, rien de plus clair! Ne voit-on pas d'ici M. de Rohan se faisant gloire de la familière amitié de la reine, concluant, en son nom, un marché pour des diamants qu'elle a refusés, et laisant dire que ces diamants ont été pris par la reine ou chez la reine, c'est monstrueux, et, comme elle le disait: Que croirait-on, si j'avais eu M. de Rohan pour compère dans ce trafic mystérieux ?

— Sire...

— Et puis, vous ignorez, mon frère, que jamais une calomnie ne s'arrête à moitié chemin, que la légèreté de M. de Rohan compromet la reine, mais que le récit de ces légèretés la déshonore.

— Oh! oui, mon frère, oui, je le répète, vous avez eu bien raison quant à ce qui concerne l'affaire du collier.

— Eh bien! mais, dit le roi surpris, est-ce qu'il y a encore une autre affaire ?

— Mais, Sire... la reine a dû vous dire...

— Me dire... quoi donc?

— Sire, vous voulez m'embarrasser. Il est impossible que la reine ne vous ait pas dit...

— Quoi donc, Monsieur? quoi donc?

— Sire...

— Ah! les fanfaronnades de M. de Rohan? ces réticences, ces prétendues correspondances?

— Non, Sire, non.

— Quoi donc, alors? les entretiens que la reine aurait accordés à M. de Rohan pour l'affaire du collier en question...

— Non, Sire, ce n'est pas cela.

— Tout ce que je sais, reprit le roi, c'est que j'ai en la reine une confiance absolue, qu'elle mérite par la noblesse de son caractère. Il était facile à Sa Majesté de ne rien dire de tout ce qui se passe. Il était facile à elle de payer ou de laisser payer à d'autres, de payer ou de laisser dire ; la reine en arrêtant court ces mystères qui devenaient des scandales, m'a prouvé qu'elle en appelait à moi avant d'en appeler à tout le public. C'est moi que la reine a fait appeler, c'est à moi qu'elle a voulu confier le soin venger son honneur. Elle m'a pris pour confesseur, pour juge, la reine m'a donc tout dit.

— Eh bien ! répliqua le comte de Provence moins embarrassé qu'il n'eût dû l'être, parce qu'il sentait la conviction du roi moins solide qu'on ne voulait le lui faire voir, voilà que vous faites encore le procès à mon amitié, à mon respect pour la reine, ma sœur. Si vous procédez contre moi avec cette susceptibilité, je ne vous dirai rien, craignant toujours, moi qui défends, de passer pour un ennemi ou un accusateur. Et, cependant, voyez combien, en ceci, vous manquez de logique. Les aveux de la reine vous ont déjà conduit à trouver une vérité qui justifie ma sœur. Pourquoi ne voudriez-vous pas qu'on fît luire à vos yeux d'autres clartés, plus propres encore à révéler toute l'innocence de notre reine?

— C'est que... dit le roi gêné, vous commencez toujours, mon frère, par des circuits dans lesquels je me perds.

— Précautions oratoires, Sire, défaut de chaleur. Hélas! j'en demande pardon à Sa Majesté ; c'est mon vice d'éducation, Cicéron m'a gâté.

— Mon frère, Cicéron n'est jamais louche que quand il défend une mauvaise cause ; vous en tenez une bonne, soyez clair, pour l'amour de Dieu.

— Me critiquer dans ma façon de parler, c'est me réduire au silence.

—Allons, voilà *l'irritabile genus rhetorum* qui prend la mouche, s'écria le roi dupe de cette rouerie du comte de Provence. Au fait, avocat, au fait! que savez-vous de plus que ce que m'a dit la reine.

Mon Dieu ! Sire, rien et tout. Précisous d'abord ce que vous a dit la reine.

— La reine m'a dit qu'elle n'avait pas le collier.

— Bon.

—Elle m'a dit qu'elle n'avait pas signé le reçu des joailliers.

— Bien.

— Elle m'a dit que tout ce qui avait rapport à un arrangement avec M. de Rohan, était une fausseté inventée par ses ennemis.

— Très bien, Sire.

— Elle a dit enfin que jamais elle n'avait donné à M. de Rohan le droit de croire qu'il fût plus qu'un de ses sujets, plus qu'un indifférent, plus qu'un inconnu.

— Ah !... elle a dit cela...

— Et d'un ton qui n'admettait pas de réplique, car le cardinal n'a pas répliqué.

— Alors, Sire, puisque le cardinal n'a rien répliqué, c'est qu'il s'avoue menteur, et il donne par ce désaveu raison aux autres bruits qui courent sur certaines préférences accordées par la reine à certaines personnes.

— Eh! mon Dieu! quoi encore? dit le roi avec découragement.

— Rien que de très absurde, comme vous l'allez voir. Du moment où il a été constant que M. de Rohan ne s'était pas promené avec la reine...

— Comment! s'écria le roi, M. de Rohan, disait-on, s'était promené avec la reine?

— Ce qui est bien démenti par la reine elle-même, Sire, et par le désaveu de M. de Rohan; mais enfin, du moment où cela est constaté, vous comprenez qu'on a dû chercher, — la malignité ne s'en est pas abstenue, — comment il se faisait que la reine se promenât la nuit dans le parc de Versailles.

— La nuit! dans le parc de Versailles! la reine!...

— Et avec qui elle se promenait, continua froidement le comte de Provence...

— Avec qui?... murmura le roi.

— Sans doute!... Est-ce que tous les yeux ne s'attachent pas à ce que fait une reine; est-ce que ces yeux, que jamais n'éblouit l'éclat du jour ou l'éclat de la majesté, ne sont pas plus clairvoyants encore quand il s'agit de voir la nuit?

— Mais, mon frère, vous dites là des choses infâmes, prenez-y garde.

— Sire, je répète, et je répète avec une telle indignation que je pousserai Votre Majesté, j'en suis sûr, à découvrir la vérité.

— Comment, Monsieur! On dit que la reine s'est promenée la nuit, en compagnie... dans le parc de Versailles!

— Pas en compagnie, Sire, en tête-à-tête... Oh! si l'on ne disait que *compagnie*, la chose ne vaudrait pas la peine que nous y prissions garde.

Le roi, éclatant tout à coup :

— Vous m'allez prouver que vous répétez, dit-il, et, pour cela, prouvez qu'on a dit.

— Oh! facilement, trop facilement, répondit M. de Provence. Il y a quatre témoignages : le premier est celui de mon capitaine de chasses, qui a vu la reine deux jours de suite, ou plutôt deux nuits de suite, sortir du parc de Versailles par la porte de la Louveterie.

Voici le titre ! il est revêtu de sa signature. Lisez.

Le roi prit en tremblant le papier, le lut, et le rendit à son frère.

— Vous en verrez, Sire, un plus curieux : il est du garde de nuit qui veille à Trianon. Il déclare que la nuit a été bonne, qu'un coup de feu a été tiré, par des braconniers, sans doute, dans le bois de Satory ; que, quant aux parcs, ils ont été calmes, excepté le jour où Sa Majesté la reine y a fait une promenade avec un gentilhomme à qui elle donnait le bras. Voyez, le procès-verbal est explicite.

Le roi lut encore, frissonna et laissa tomber ses bras à son côté.

—Le troisième, continua imperturbablement monsieur le comte de Provence il est du suisse de la porte de l'Est. Cet homme a vu et reconnu la reine au moment où elle sortait par la porte de la Louveterie. Il dit comment la reine était vêtue, voyez, Sire, il dit aussi que : de loin il n'a pu reconnaître le gentilhomme que *Sa Majesté quittait;* c'est écrit ; mais qu'à sa tournure il l'a pris pour un officier. Ce procès-verbal est signé. Il ajoute une chose curieuse, à savoir que la présence de la reine ne peut être révoquée en doute, parce que Sa Majesté était accompagnée de Madame de La Mothe, amie de la reine.

— Amie de la reine! s'écria le roi furieux. Oui! il y a cela : Amie de la reine!

— Ne veuillez pas de mal à cet honnête serviteur, Sire; il ne peut être coupable que d'un excès de zèle. Il est chargé de garder, il garde; de veiller, il veille.

— Le dernier, continua le comte de Provence, me paraît le plus clair de tous. Il est du maître serrurier chargé de vérifier si toutes les portes sont fermées après la retraite battue. Cet homme, Votre Majesté le connaît, il certifie avoir vu la reine entrer avec un gentilhomme dans les bains d'Apollon.

Le roi, pâle et étouffant son ressentiment, arracha le papier des mains du comte et le lut.

M. de Provence continua néanmoins pendant cette lecture :

— Il est vrai que Madame de La Mothe était dehors, à une vingtaine de pas, et que la reine ne demeura qu'une heure environ dans cette salle.

— Mais le nom du gentilhomme? s'écria le roi.

— Sire, ce n'est pas dans le rapport qu'on le nomme, il faut pour cela que Sa Majesté prenne la peine de parcourir un dernier certificat que voici, il est d'un garde forestier qui se tenait à l'affût derrière le mur d'enceinte, près des bains d'Apollon.

— Daté du lendemain, fit le roi.

— Oui, Sire, et qui a vu la reine sortir du parc par la petite porte, et regarder au dehors, elle tenait le bras de M. de Charny!

— De Monsieur de Charny!.. s'écria le roi à demi-fou de colère et de honte ; bien... bien... Attendez-moi ici, comte, nous allons enfin savoir la vérité.

Et le roi s'élança hors de son cabinet.

II

Une dernière accusation.

Au moment où le roi avait quitté la chambre de la reine, celle-ci courut au boudoir où M. de Charny avait pu tout entendre.

Elle en ouvrit la porte, et revint fermer elle-même celle de son appartement ; puis, tombant sur un fauteuil, comme si elle eût été trop faible pour résister à de pareils chocs, elle attendit silencieusement ce que déciderait d'elle M. de Charny, son juge le plus redoutable.

Mais elle n'attendit pas longtemps, le comte sortit du boudoir plus triste et plus pâle qu'il n'avait jamais été.

— Eh bien? dit-elle.

— Madame, répliqua-t-il, vous voyez que tout s'oppose à ce que nous soyons amis. Si ce n'est pas ma conviction qui vous blesse, ce sera le bruit public désormais; avec le scandale qui est fait aujourd'hui, plus de repos pour moi, plus de trève pour vous. Les ennemis, plus acharnés après cette première blessure qui vous est faite, viendront fondre sur vous pour boire le sang comme font les mouches sur la gazelle blessée...

— Vous cherchez bien longtemps, dit la reine avec mélancolie, une parole naturelle, et vous n'en trouvez pas.

— Je crois n'avoir jamais donné lieu à Votre Majesté de suspecter ma franchise, répliqua Charny; si par fois elle a éclaté, c'est avec trop du dureté; je vous en demande pardon.

— Alors, dit la reine fort émue, ce que je viens de faire, ce bruit, cette aggression périlleuse contre un des plus grands seigneurs de ce royaume, mon hostilité déclarée avec l'Église, ma renommée exposée aux passions des parlements, tout cela ne vous suffit pas. Je ne parle point de la confiance à jamais ébranlée chez le roi; vous ne devez pas vous en préoccuper, n'est-ce pas ?... Le roi! qu'est-ce cela... un époux!

Et elle sourit avec une amertume si douloureuse, que les larmes jaillirent de ses yeux.

— Oh! s'écria Charny, vous êtes la plus noble, la plus généreuse des femmes. Si je ne vous réponds pas sur-le-champ, comme mon cœur m'y contraint, c'est que je me sens inférieur à tout, et que je n'ose profaner ce cœur sublime en y demandant une place.

—Monsieur de Charny, vous me croyez coupable.

— Madame!...

— Monsieur de Charny, vous avez ajouté foi aux paroles du cardinal.

— Madame!...

—Monsieur de Charny, je vous somme de me dire quelle impression a faite sur vous l'attitude de M. de Rohan.

— Je dois le dire, Madame, M. de Rohan n'a été ni un insensé, comme vous le lui avez reproché, ni un homme faible, comme on pourrait le croire : c'est un homme convaincu, c'est un homme qui vous aimait, qui vous aime, et qui en ce moment est la victime d'une erreur qui le conduira, lui, à la ruine, vous...

— Moi?

— Vous, Madame, à un déshonneur inévitable.

— Mon Dieu !

— Devant moi se lève un spectre menaçant, cette femme odieuse, Madame de La

Mothe, disparue quand son témoignage peut tout nous rendre, repos, honneur, sécurité pour l'avenir. Cette femme est le mauvais génie de votre personne, elle est le fléau de la royauté; cette femme que vous avez imprudemment admise à partager vos secrets, et peut-être, hélas! votre intimité...

— Mes secrets, mon intimité, ah! monsieur, je vous en prie, s'écria la reine.

— Madame, le cardinal vous a dit assez clairement et assez clairement prouvé, que vous avez avec lui concerté l'achat du collier.

—.Ah!... vous revenez sur cela, monsieur de Charny, dit la reine en rougissant.

— Pardon, pardon, vous voyez bien que je suis un cœur moins généreux que vous, vous voyez bien que je suis indigne, moi, d'être appelé à connaître vos pensées. Je cherche à adoucir, j'irrite.

— Tenez, monsieur, fit la reine revenue à une fierté mêlée de colère, ce que le roi croit, tout le monde peut le croire; je ne serai pas plus facile à mes amis qu'à mon époux. Il me paraît qu'un homme ne peut aimer à voir une femme quand il n'a pas d'estime pour cette femme. Je ne parle pas pour vous, monsieur, interrompit-elle vivement; je ne suis pas une femme moi ; je suis une reine ; vous n'êtes pas un homme, mais un juge pour moi.

Charny s'inclina si bas, que la reine dut trouver suffisante la réparation et l'humilité de ce *sujet* fidèle.

— Je vous avais conseillé, dit-elle tout à coup, de demeurer en vos terres; c'était un sage dessein. Loin de la cour à laquelle répugnent vos habitudes, votre droiture, votre inexpérience, permettez-moi de le dire; loin, dis-je, de la cour, vous eussiez mieux apprécié les personnages qui jouent leur rôle sur ce théâtre. Il faut ménager l'illusion de l'optique, monsieur de Charny, il faut garder son rouge et ses hauts talons devant la foule. Reine trop prompte à la condescendance, j'ai négligé d'entretenir, chez ceux qui m'aimaient, le prestige éblouissant de la royauté. Ah! monsieur de Charny, l'auréole que dessine une couronne au front des reines les dispense de chasteté, de douceur, d'esprit, et les dispense surtout de cœur. On est reine, monsieur, on domine ; à quoi sert de se faire aimer ?

— Je ne saurais vous dire, Madame,

répondit Charny fort ému, combien la sévérité de Sa Majesté me fait mal. J'ai pu oublier que vous étiez ma reine; mais, rendez-moi cette justice, je n'ai jamais oublié que vous fussiez la première des femmes dignes de mon respect et de...

— N'achevez pas, je ne mendie point. Oui, je l'ai dit, une absence vous est nécessaire. Quelque chose me dit que votre nom finira par être prononcé dans tout ceci.

— Madame, impossible!

— Vous dites, impossible! Eh! réfléchissez donc au pouvoir de ceux qui depuis six mois jouent avec ma réputation, avec ma vie; ne disiez-vous pas que M. le cardinal est *convaincu* qu'il agit en vue d'une *erreur*, dans laquelle on le plonge ! Ceux qui opèrent des convictions pareilles, monsieur le comte, ceux qui causent des *erreurs* semblables, sont de force à vous prouver que vous êtes un déloyal sujet pour le roi, et pour moi un ami honteux. Ceux-là qui inventent si heureusement le faux, découvrent bien facilement le vrai ! Ne perdez pas de temps, le péril est grave; retirez-vous dans vos terres, fuyez le scandale qui va résulter du procès qu'on me fera, je ne

veux pas que ma destinée vous entraîne,
je ne veux pas que votre carrière se
perde. Moi qui, Dieu merci, ai l'innocence et la force ; mais qui n'ai pas une
tache sur ma vie ; moi qui suis résolue à
ouvrir, s'il le faut, ma poitrine, pour
montrer à mes ennemis la pureté de
mon cœur ; moi je résisterai. Pour vous
il y aurait la ruine, la diffamation, la prison peut-être ; remportez cet argent si
noblement offert, remportez l'assurance
que pas un des mouvements généreux
de votre âme ne m'a échappé ; que pas
un de vos doutes ne m'a blessée ; que pas
une de vos souffrances ne m'a laissée
froide ; partez, vous dis-je, et cherchez

ailleurs ce que la reine de France ne peut plus vous donner : la foi, l'espérance, le bonheur. D'ici à ce que Paris sache l'arrestation du cardinal, à ce que le parlement soit convoqué, à ce que les témoignages se produisent, je compte une quinzaine de jours. Partez ! votre oncle a deux vaisseaux prêts à Cherbourg et à Nantes, choisissez ; mais éloignez-vous de moi. Je porte malheur ; éloignez-vous de moi. Je ne tenais qu'à cune chose en ce monde, et comme elle me manque, je me sens perdue.

En disant ces mots la reine se leva brusquement et sembla donner à Charny le congé qui termine les audiences.

Il s'approcha d'elle aussi respectueusement, mais plus vite.

— Votre Majesté, dit-il, d'une voix altérée, vient de me dicter mon devoir. Ce n'est pas dans mes terres, ce n'est pas hors de la France qu'est le danger, c'est à Versailles, où l'on vous soupçonne, c'est à Paris, où l'on va vous juger. Il importe, Madame, que tout soupçon s'efface, que tout arrêt soit une justification, et, comme vous ne sauriez avoir un témoin plus loyal, un soutien plus résolu, je reste. Ceux qui savent tant de choses, Madame, les diront. Mais au moins aurons-nous eu le bonheur inestimable pour les gens de cœur de voir nos ennemis face à face. Qu'ils tremblent ceux-là devant la majesté d'une reine innocente, et devant le courage d'un homme meilleur qu'eux. Oui, je reste, Madame, et croyez-le bien, Votre Majesté n'a pas besoin de me cacher plus longtemps sa pensée ; ce que l'on sait bien, c'est que je ne fuis pas ; ce qu'elle sait bien c'est que je ne crains rien ; ce qu'elle sait aussi, c'est que pour ne me plus voir jamais, il n'est pas besoin de m'envoyer en exil. Oh ! madame ! de loin, les cœurs s'entendent, de loin les aspirations sont plus ardentes que de près. Vous voulez que je parte, pour vous et non pour moi ; ne craignez rien ; à portée de vous secourir, de vous défendre, je ne serai plus à portée de vous offenser ou de vous nuire ; vous ne m'avez pas vu, n'est-ce pas, lorsque durant huit jours j'ai habité à cent toises de vous, épiant chacun de vos gestes, comptant vos pas, vivant de votre vie ?... Eh bien ! il en sera de même cette fois, car je ne puis exécuter votre volonté, je ne puis partir ! D'ailleurs, que vous importe !... Est-ce que vous songerez à moi ?

Elle fit un mouvement qui l'éloigna du jeune homme.

— Comme il vous plaira, dit-elle ; mais.... vous m'avez compris, il ne faut pas que vous vous trompiez jamais à mes paroles ; je ne suis pas une coquette, monsieur de Charny ; dire ce qu'elle pense, penser ce qu'elle dit, voilà le privilége d'une véritable reine : je suis ainsi. Un jour, monsieur, je vous ai choisi parmi tous. Je ne sais quoi entraînait mon cœur de votre côté. J'avais soif d'une amitié forte et pure, je vous l'ai bien laissé voir, n'est-ce pas ? ce n'est plus de même aujourd'hui, je ne pense plus ce que je pensais. Votre âme n'est plus sœur de la mienne. Je vous le dis aussi franchement : épargnons-nous l'un l'autre.

— C'est bien, Madame, interrompit Charny, je n'ai jamais cru que vous m'eussiez choisi, je n'ai jamais cru... Ah! Madame, je ne résiste pas à l'idée de vous perdre. Madame, je suis ivre de jalousie et de terreur. Madame, je ne souffrirai pas que vous m'ôtiez votre cœur; il est à moi, vous me l'avez donné, nul ne me le prendra qu'avec ma vie. Soyez femme, soyez bonne, n'abusez pas de ma faiblesse, car vous m'avez reproché mes doutes tout à l'heure, et vous m'écrasez des vôtres en ce moment.

— Cœur d'enfant, cœur de femme, dit-elle... vous voulez que je compte sur vous !... Les beaux défenseurs que nous sommes l'un pour l'autre ! Faible ! oh ! oui, vous l'êtes, et moi, hélas ! je ne suis pas plus forte que vous !

— Je ne vous aimerais pas murmurait-il, si vous étiez autre que vous n'êtes.

— Quoi, dit-elle avec un accent vif et passionné, cette reine maudite, cette reine perdue, cette femme qu'un parlement va juger, que l'opinion va condamner, qu'un mari, son roi, va chasser peut-être, cette femme trouve un cœur qui l'aime !

— Un serviteur qui la vénère et qui lui offre tout le sang de son cœur en échange d'une larme qu'elle versait tout à l'heure.

— Cette femme, s'écria la reine, est bénie, elle est fière, elle est la première des femmes, la plus heureuse de toutes, — cette femme est trop heureuse, monsieur de Charny, je ne sais pas comment cette femme a pu se plaindre, pardonnez-lui !

Charny tomba aux pieds de Marie-Antoinette et les baisa, dans un transport d'amour religieux.

En ce moment la porte du corridor secret s'ouvrit et le roi s'arrêta, tremblant et comme foudroyé sur le seuil.

Il venait de surprendre l'homme qu'accusait M. de Provence, aux pieds de Marie-Antoinette.

III

La demande en mariage.

La reine et Charny échangèrent un coup d'œil si plein d'effroi, que leur plus cruel ennemi eût eu pitié d'eux en ce moment.

Charny se releva lentement, et salua le roi avec un profond respect.

On voyait le cœur de Louis XVI battre violemment sous la dentelle de son jabot.

— Ah! dit-il d'une voix sourde... monsieur de Charny!

Le comte ne répondit que par un nouveau salut.

La reine sentit qu'elle ne pouvait parler, et qu'elle était perdue.

Le roi continuant :

— Monsieur de Charny, fit-il avec une mesure incroyable, c'est peu honorable pour un gentilhomme, d'être pris en flagrant délit de vol.

— De vol! murmura Charny.

— De vol! répéta la reine, qui croyait encore entendre siffler à ses oreilles ces horribles accusations touchant le collier, et qui supposa que le comte en allait être souillé comme elle.

— Oui, poursuivit le roi, s'agenouiller devant la femme d'un autre, c'est un vol ; et, quand cette femme est une reine, Monsieur, on appelle ce crime lèse-majesté. Je vous ferai dire cela, monsieur de Charny, par mon garde-des-sceaux.

Le comte allait parler, il allait protester de son innocence, lorsque la reine, impatiente dans sa générosité, ne voulut pas souffrir qu'on accusât d'indignité l'homme qu'elle aimait; elle lui vint en aide.

— Sire, dit-elle vivement, vous êtes, à ce qu'il me paraît, dans une voie de mauvais soupçons et de suppositions défavorables ; ces soupçons, ces préventions, tombent à faux, je vous en avertis. Je vois que le respect enchaîne la langue du comte ; mais moi, qui connais le fond de son cœur, je ne le laisserai pas accuser sans le défendre.

Elle s'arrêta là, épuisée par son émotion, effrayée du mensonge qu'elle allait être forcée de trouver, éperdue enfin parce qu'elle ne le trouvait pas.

Mais cette hésitation, qui lui paraissait odieuse à elle, fier esprit de reine, c'était tout simplement le salut de la femme. En ces horribles rencontres, où souvent se jouent l'honneur, la vie de celle qu'on a surprise, une minute gagnée suffit pour sauver, comme une seconde perdue avait suffi pour perdre.

La reine, uniquement par instinct, avait saisi l'occasion du délai ; elle avait arrêté court le soupçon du roi ; elle avait égaré son esprit, elle avait raffermi celui du comte. Ces minutes décisives ont des ailes rapides sur lesquelles est emportée si loin la conviction d'un jaloux, qu'elle ne se retrouve presque jamais, si le démon protecteur des envieux d'amour ne la ramène sur les siennes.

— Me direz-vous, par hasard, répondit Louis XVI, tombant du rôle de roi au rôle de mari inquiet, que je n'ai pas vu M. de Charny agenouillé, là, devant vous, Madame? Or, pour s'agenouiller sans être relevé, il faut...

— Il faut, Monsieur! dit sévèrement la reine, qu'un sujet de la reine de France ait une grâce à lui demander... C'est là, je crois, un cas assez fréquent à la cour.

— Une grâce à vous demander! s'écria le roi.

— Et une grâce que je ne pouvais accorder, poursuivit la reine. Sans quoi, M. de Charny n'eût pas insisté, je vous jure, et je l'eusse relevé bien vite avec la joie d'accorder selon ses désirs à un gentilhomme dont je fais une estime particulière.

Charny respira. L'œil du roi était devenu indécis, son front se désarmait peu à peu de l'insolite menace que cette surprise y avait fait monter.

Pendant ce temps, Marie-Antoinette

cherchait, cherchait avec la rage d'être obligée de mentir, avec la douleur de ne rien trouver qui fût vraisemblable.

Elle avait cru, en s'avouant impuissante à accorder au comte la grâce qu'il sollicitait, enchaîner la curiosité du roi. Elle avait espéré que l'interrogatoire en resterait là. Elle se trompait : toute autre femme eût été plus habile en témoignant moins de raideur, mais pour elle c'était un affreux supplice de mentir devant l'homme qu'elle aimait. Se montrer sous ce jour misérable et faux de la supercherie des comédies, c'était clore toutes ces faussetés, toutes ces ruses, tous ces manéges de l'intrigue du parc par un dénoûment conséquent à leur infamie; c'était presque s'en montrer coupable; c'était pire que la mort.

Elle hésita encore. Elle eût donné sa vie pour que Charny trouvât le mensonge; mais lui, le loyal gentilhomme, il ne le pouvait, il n'y pensait même pas. Il craignait trop, dans sa délicatesse, de paraître même disposé à défendre l'honneur de la reine.

Ce que nous écrivons ici en beaucoup de lignes, en trop de lignes peut-être, bien que la situation soit féconde, une demi-minute suffit aux trois acteurs pour le ressentir et l'exprimer.

Marie-Antoinette attendait suspendue aux lèvres du roi, la question qui, enfin, éclata.

— Voyons, Madame, dites-moi quelle est cette grâce qui, vainement sollicitée par M. de Charny, l'a conduit à s'agenouiller devant vous ?

Et, comme pour adoucir la dureté de cette question soupçonneuse, le roi ajouta :

— Je serai peut-être plus heureux que vous, Madame, et M. de Charny n'aura pas besoin de s'agenouiller devant moi.

— Sire, je vous ai dit que M. de Charny demandait une chose impossible.

— Laquelle? au moins.

— Que peut-on demander à genoux, se disait la reine?... que peut-on implorer de moi, qu'il soit impossible d'accorder?... Voyons! voyons!

— J'attends, dit le roi.

— Sire, c'est que... la demande de M. de Charny est un secret de famille.

— Il n'y a pas de secret pour le roi; maître dans son royaume, et père de famille intéressé à l'honneur, à la sûreté de tous ses sujets, qui sont ses enfants ; même, ajouta Louis XVI avec une dignité redoutable, même quand ces enfants dénaturés attaquent l'honneur et la sûreté de leur père.

La reine bondit sous cette dernière menace du danger.

— Monsieur de Charny, s'écria-t-elle, l'esprit troublé, la main tremblante, Monsieur de Charny voulait obtenir de moi...

Quoi donc? Madame.

— Une permission pour se marier.

— Vraiment! s'écria le roi rassuré tout d'abord. Puis, replongé dans sa jalouse inquiétude...

— Eh bien, mais, dit-il, sans remarquer combien la pauvre femme souffrait d'avoir prononcé ces mots, combien Charny était pâle de la souffrance de la reine; eh bien, en quoi est-il donc impossible de marier M. de Charny? Est-ce qu'il n'est pas d'une bonne noblesse? Est-ce qu'il n'a pas une belle fortune? Est-ce qu'il n'est pas brave et beau? En vérité, mais pour ne pas lui donner accès dans une famille, ou pour le refuser, si l'on est femme, il faut être princesse du sang ou mariée ; je ne vois que ces deux raisons qui constituent l'impossibilité. Ainsi, Madame, dites-moi le nom de cette femme que voudrait épouser M. de Charny, et, si elle n'est ni dans l'un ni dans l'autre cas, je vous réponds que je leverai la difficulté... pour vous plaire.

La reine, amenée par le péril toujours croissant, entraînée par la conséquence même du premier mensonge, reprit avec force :

— Non, Monsieur, non ; il est des difficultés que vous ne pouvez pas vaincre. Celle qui nous occupe est de ce genre.

— Raison de plus pour que je sache quelle chose est impossible au roi, interrompit Louis XVI avec une sourde colère.

Charny regarda la reine, elle semblait près de chanceler. Il eût fait un pas vers elle, le roi l'arrêta par son immobilité. — De quel droit, lui, qui n'était rien pour cette femme, eût-il offert sa main ou son appui à celle que son roi et son époux abandonnait.

— Quel est donc, se demandait-elle, la puissance contre laquelle le roi n'ait pas d'action? Encore cette idée, encore ce secours, mon Dieu!

Tout-à-coup une lueur traversa son esprit.

— Ah! Dieu lui-même m'envoie ce secours, murmura-t-elle. Celles qui appartiennent à Dieu ne lui peuvent être prises, même par le roi.

Alors, relevant la tête :

— Monsieur, dit-elle enfin au roi, celle que M. de Charny voudrait épouser, est dans un couvent.

— Ah! s'écria le roi, voilà une raison; en effet, il est bien difficile d'enlever à Dieu son bien pour le donner aux hommes. Mais cela est étrange, que M. de Charny ait conçu de si subites amours : jamais nul ne m'en a parlé, jamais son oncle même, qui peut tout obtenir de moi. Quelle est cette femme que vous aimez, monsieur de Charny, dites-le moi, je vous prie.

La reine sentit une poignante douleur. Elle allait entendre un nom sortir de la bouche d'Olivier, elle allait subir la torture de ce mensonge ; et qui sait si Charny n'allait pas révéler, soit un nom jadis aimé, souvenir encore saignant du passé, soit un nom, germe d'amour, espérance vague de l'avenir. Pour ne pas recevoir ce coup terrible, Marie-Antoinette, prit l'avance, elle s'écria tout-à-coup :

— Mais, sire, vous connaissez celle que M. de Charny demande en mariage, c'est... c'est mademoiselle Andrée de Taverney.

Charny poussa un cri et cacha son visage dans ses deux mains.

La reine s'appuya la main sur le cœur, et alla tomber presque évanouie sur son fauteuil.

—Mademoiselle de Taverney, répéta

le roi, mademoiselle de Taverney, qui s'est retirée à Saint-Denis ?

— Oui, Sire, articula faiblement la reine.

— Mais elle n'a pas fait de vœux, que je sache ?

— Mais elle doit en faire.

— Nous y mettrons une condition, dit le roi. Cependant, ajouta-t-il avec un dernier levain de défiance, pourquoi ferait-elle ses vœux ?

— Elle est pauvre, dit Marie-Antoinette ; vous n'avez enrichi que son père, ajouta-t-elle durement.

— C'est là un tort que je réparerai, Madame, M. de Charny l'aime...

La reine frémit et lança au jeune homme un regard avide, comme pour le supplier de nier.

Charny regarda fixement Marie-Antoinette, et ne répondit pas.

— Bien, dit le roi, qui prit ce silence pour un respectueux assentiment; et sans doute mademoiselle de Taverney aime M. de Charny? Je doterai mademoiselle de Taverney, je lui donnerai les 500,000 livres que je dus refuser l'autre jour, pour vous, à M. de Calonne. Remerciez la reine, monsieur de Charny, de ce qu'elle a bien voulu me raconter cette affaire, et assurer ainsi le bonheur de votre vie.

Charny fit un pas en avant et s'inclina comme une pâle statue à qui Dieu, par un miracle, aurait un moment donné la vie.

— Oh! cela vaut la peine que vous vous agenouilliez encore une fois, dit le roi avec cette légère nuance de raillerie vulgaire qui tempérait trop souvent en lui la noblesse traditionnelle de ses ancêtres.

La reine tressaillit, et tendit, par un mouvement spontané, ses deux mains au jeune homme. Il se mit à genoux devant elle, et déposa sur ses belles mains glacées un baiser dans lequel il suppliait Dieu de lui laisser exhaler son âme.

— Allons, dit le roi, laissons maintenant à madame le soin de vos affaires, venez Monsieur, venez.

— Et il passa devant très vite, de sorte que Charny put se retourner sur le seuil, et voir l'ineffable douleur de cet adieu éternel que lui envoyaient les yeux de la reine.

La porte se referma entre eux, barrière désormais infranchissable pour d'innocentes amours.

IV

Saint-Denis.

La reine resta seule et désespérée. Tant de coups la frappaient à la fois, qu'elle ne savait plus de quel côté venait la plus vive douleur.

Après être demeurée une heure dans cet état de doute et d'abattement, elle se dit qu'il était temps de chercher une issue. Le danger grossissait. Le roi, fier d'une victoire remportée sur les apparences, se hâterait d'en répandre le bruit. Il pouvait arriver que ce bruit fût accueilli de telle sorte au dehors, que tout le bénéfice de la fraude commise se trouvât perdu.

Cette fraude, hélas! comme la reine se la reprochait, comme elle eût voulu reprendre cette parole envolée, comme elle eût voulu ôter, même à Andrée, le bonheur chimérique que peut-être elle allait refuser.

En effet, ici surgissait une autre difficulté. Le nom d'Andrée avait tout sauvé devant le roi. Mais qui pouvait répondre de cet esprit capricieux, indépendant, volontaire, qu'on appelait mademoiselle de Taverney? qui pouvait compter que cette fière personne aliénerait sa liberté, son avenir, au profit d'une reine que peu de jours avant elle avait quitté en ennemie.

Alors qu'arrivait-il? Andrée refusait, et c'était vraisemblable ; tout l'échafaudage mensonger croûlait. La reine devenait une intrigante de médiocre esprit, Charny un plat Sigisbé, un diseur de mensonges, et la calomnie changée en accusation prenait les proportions d'un adultère incontestable.

Marie-Antoinette sentit sa raison s'égarer à ces réflexions ; elle faillit céder à leur possibilité ; elle plongea sa tête brûlante dans ses mains, et attendit.

A qui se fier? Qui donc était l'amie de la reine? madame de Lamballe? Oh! la pure raison, la froide et inflexible raison! Pourquoi tenter cette virginale imagination, que d'ailleurs ne voudraient pas comprendre les dames d'honneur? serviles adulatrices de la prospérité, tremblantes au souffle de la disgrâce, disposées peut-être à donner une leçon à leur reine quand elle aurait besoin d'un secours !

Il ne restait rien que mademoiselle de Taverney elle-même. C'était un cœur de diamant dont les arêtes pouvaient couper le verre, mais dont la solidité invincible, dont la pureté profonde pouvaient seules sympathiser avec les grandes douleurs d'une reine.

Marie-Antoinette irait donc trouver Andrée. Elle lui exposerait son malheur, elle la supplierait de s'immoler. Sans doute Andrée refuserait, parce qu'elle n'était pas de celles qui se laissent imposer; mais peu à peu, adoucie par ses prières, elle consentirait. Qui sait d'ailleurs alors si l'on n'obtiendrait pas un délai? si, le premier feu étant passé, le roi, apaisé par le consentement apparent des deux fiancés, ne finirait point par oublier..... Alors, un voyage arrangerait tout. Andrée, Charny, s'éloignant pour quelque temps, jusqu'à ce que l'hydre de la calomnie n'eût plus faim, pourraient laisser dire qu'ils s'étaient rendu leur parole à l'amiable, et nul ne devinerait alors que ce projet de mariage était un jeu.

Ainsi, la liberté de mademoiselle de

Taverney n'aurait pas été compromise ; celle de Charny ne s'aliénerait pas davantage. Il n'y aurait plus pour la reine cet affreux remords d'avoir sacrifié deux existences à l'égoïsme de son honneur; mais pourtant cet honneur, qui comprenait celui de son mari, celui de ses enfants, ne serait pas entamé. Elle le transmettrait sans tache à la future reine de France.

Telles étaient ses réflexions.

C'est ainsi qu'elle croyait avoir tout concilié d'avance, convenances et intérêts privés. Il fallait bien raisonner avec cette fermeté de logique, en présence d'un aussi horrible danger. Il fallait bien s'armer de toutes pièces contre un adversaire aussi difficile à combattre que mademoiselle de Taverney, quand elle écoutait son orgueil et non son cœur.

Lorsqu'elle fut préparée, Marie-Antoinette se décida au départ. Elle eût bien voulu prévenir Charny de ne faire aucune fausse démarche, mais elle en fut empêchée par l'idée que des espions la guettaient sans doute; que tout de sa part serait mal interprété en un pareil moment; et elle avait assez expérimenté le sens droit, le dévoûment et la résolution d'Olivier, pour être convaincue qu'il ratifierait tout ce qu'elle jugerait à propos de faire.

Trois heures arrivèrent; le dîner en grande cérémonie, les présentations, les visites; la reine reçut tout le monde avec un visage serein et une affabilité qui n'ôtait rien à son orgueil bien connu. Elle affecta même avec ceux qu'elle jugeait être ses ennemis de montrer une fermeté qui convient peu d'ordinaire aux coupables.

Jamais l'affluence n'avait été aussi

grande à la cour; jamais la curiosité n'avait aussi profondément fouillé les traits d'une reine en péril. Marie-Antoinette fit face à tout, terrassa ses ennemis, enivra ses amis; changea les indifférents en zélés, les zélés en enthousiastes, et parut si belle et si grande que le roi lui en adressa publiquement ses félicitations.

Puis, tout bien terminé, déposant ses sourires de commande, rendue à ses souvenirs, c'est-à-dire à ses douleurs, seule, bien seule au monde, elle changea de toilette, prit un chapeau gris à rubans et à fleurs bleues, une robe de soie grismuraille, monta dans son carrosse, et, sans gardes, avec une seule dame, elle se fit conduire à Saint-Denis.

C'était l'heure à laquelle les religieuses, rentrées dans leurs cellules, passaient du bruit modeste du réfectoire au silence des méditations qui précèdent la prière du coucher.

La reine fit appeler au parloir mademoiselle Andrée de Taverney.

Celle-ci, agenouillée, ensevelie dans son peignoir de laine blanche, regardait par sa fenêtre la lune se levant derrière les grands tilleuls, et, dans cette poésie de la nuit qui commence, elle trouvait le thême de toutes les prières ferventes, passionnées, qu'elle envoyait à Dieu pour soulager son âme.

Elle buvait à longs traits la douleur irrémédiable de l'absence volontaire. Ce supplice n'est connu que des âmes fortes; il est à la fois une torture et un plaisir. Il ressemble, pour les angoisses, à toutes les douleurs vulgaires. Il aboutit à une volupté que seuls peuvent sentir ceux qui savent immoler le bonheur à l'orgueil.

Andrée avait d'elle-même quitté la

cour, d'elle-même elle avait rompu avec tout ce qui pouvait entretenir son amour. Orgueilleuse comme Cléopâtre, elle n'avait pu même supporter l'idée que M. de Charny eût pensé à une autre femme, cette femme fût-elle la reine.

Aucune preuve pour elle de cet amour brûlant pour une autre. Certes, la jalouse Andrée eût tiré de cette preuve toute la conviction qui peut faire saigner un cœur. Mais n'avait-elle pas vu Charny passer indifféremment auprès d'elle? N'avait-elle pas soupçonné la reine de garder, innocemment sans doute, mais de garder les hommages et la préférence de Charny ?

A quoi bon, dès lors, demeurer à Versailles? Pour mendier des compliments? Pour glaner des sourires? Pour obtenir de temps en temps le pis-aller d'un bras offert, d'une main touchée, quand dans les promenades la reine lui prêterait les politesses de Charny, faute de pouvoir les recueillir en ce moment pour elle ?

Non, pas de lâche faiblesse, pas de transaction pour cette âme stoïque. La vie avec l'amour et la préférence, le cloître avec l'amour et l'orgueil blessé.

— Jamais! jamais! se répétait la fière Andrée; celui que j'aime dans l'ombre, celui qui n'est pour moi qu'un nuage, un portrait, un souvenir, celui-là jamais ne m'offense, toujours il me sourit, il ne sourit qu'à moi!

Voilà pourquoi elle avait passé tant de nuits douloureuses, mais libres; voilà pourquoi, heureuse de pleurer quand elle se trouvait faible, de maudire quand elle s'exaltait, Andrée préférait l'absence volontaire qui lui laissait l'intégrité de son amour et de sa dignité, à la faculté de revoir un homme qu'elle haïssait pour être contrainte de l'aimer.

Et, du reste, ces muettes contemplations de l'amour pur, ces extases divines du rêve solitaire, c'était bien plus la vie pour la sauvage Andrée que les fêtes lumineuses à Versailles, et la nécessité de se courber devant des rivales et la crainte de laisser au grand jour échapper le secret enfermé dans son cœur.

Nous avons dit que le soir de la Saint-Louis, la reine vint chercher Andrée à Saint-Denis et qu'elle la trouva rêveuse dans sa cellule.

On vint dire, en effet, à Andrée, que la reine venait d'arriver, que le chapitre la recevait au grand parloir, et que Sa Majesté, après les premiers compliments, avait demandé si l'on pouvait parler à Mademoiselle de Taverney.

— Chose étrange! il n'en fallut pas plus à Andrée, cœur amolli par l'amour, pour bondir au-devant de ce parfum qui lui revenait de Versailles, — parfum maudit la veille encore, et plus précieux à mesure qu'il s'éloignait davantage, précieux comme tout ce qui s'évapore, comme tout ce qui s'oublie, précieux comme l'amour!

—La reine! murmura Andrée! la reine à Saint-Denis! la reine qui m'appelle.

— Vite, hâtez-vous, lui répondit-on.

Elle se hâta, en effet: elle jeta sur ses épaules la longue mante des religieuses, ceignit la ceinture de laine sur sa robe flottante, et, sans donner un regard à son petit miroir, elle suivit la tourière qui l'était venue chercher.

Mais, à peine eût-elle fait cent pas, qu'elle se sentit humiliée d'avoir ressenti tant de joie.

— Pourquoi, dit-elle, mon cœur a-t-il tressailli? En quoi cela touche-t-il Andrée de Taverney, que la reine de France visite le monastère de Saint-Denis ? Est-ce de l'orgueil que je ressens ? La reine n'est pas ici pour moi. Est-ce du bonheur ? je n'aime plus la reine.

Allons ! du calme, mauvaise religieuse, qui n'appartient ni à Dieu ni au monde ; tâche, du moins, de t'appartenir à toi-même.

Andrée se gourmandait ainsi en descendant le grand degré, et, maîtresse de sa volonté, elle éteignit sur ses joues la rougeur fugitive de la précipitation, tempéra la rapidité de ses mouvements.

Mais, pour en arriver là, elle mit plus de temps à achever les six dernières marches, qu'elle n'en aurait mis à franchir les trente premières.

Lorsqu'elle arriva derrière le chœur, au parloir de cérémonie, dans lequel l'éclat des lustres et des cires grandissait sous les mains pressées de quelques sœurs converses, Andrée était froide et pâle.

Quand elle entendit son nom prononcé par la tourière qui la ramenait, quand elle aperçut Marie-Antoinette assise sur le fauteuil abbatial, tandis qu'à ses côtés s'inclinaient et s'empressaient les plus nobles fronts du chapitre, Andrée fut prise de palpitations qui suspendirent sa marche pendant plusieurs secondes.

— Ah! venez donc enfin, que je vous parle, mademoiselle, dit la reine en souriant à demi.

Andrée s'approcha et courba la tête.

— Vous permettez, madame, dit la reine, en se tournant vers la supérieure.

Celle-ci répondit par une révérence et quitta le parloir, suivie de toutes ses religieuses.

La reine demeura seule assise avec Andrée, dont le cœur battait si fort qu'on eût pu l'entendre sans le bruit plus lent du balancier de la vieille horloge.

V

Un cœur mort.

La reine commença l'entretien, c'était dans l'ordre.

— Vous voilà donc, Mademoiselle, dit-elle avec un fin sourire, vous me faites une impression singulière, savez-vous, en religieuse.

Andrée ne répondit rien.

— Voir une ancienne compagne, poursuivit la reine, déjà perdue pour le monde où nous autres nous vivons encore, c'est comme un sévère conseil que nous donne la tombe. Est-ce que vous n'êtes pas de mon avis, Mademoiselle?

— Madame, répliqua Andrée, qui donc se permettrait de donner des conseils à Votre Majesté. La mort elle-même n'avertira la reine que le jour où elle la prendra. En effet, comment ferait-elle autrement.

— Pourquoi cela ?

— Parce que, Madame, une reine est destinée, par la nature de son élévation, à ne souffrir en ce monde que les inévitables nécessités. Tout ce qui peut améliorer sa vie, elle l'a ; tout ce qui peut, chez autrui, l'aider à embellir sa carrière, une reine le prend à autrui.

La reine fit un mouvement de surprise.

— Et c'est un droit, se hâta de dire Andrée ; autrui pour une reine, c'est une collection de sujets dont les biens, l'honneur et la vie appartiennent à des souverains. Vie, honneur et biens, moraux ou matériels sont donc la propriété des reines.

— Voilà des doctrines qui m'étonnent, dit lentement Marie-Antoinette. Vous faites d'une souveraine, en ce pays, je ne sais quelle ogresse de contes qui engloutit la fortune et le bonheur des simples citoyens. Est-ce que je suis cette femme-là, Andrée ? Est-ce que sérieusement vous avez eu à vous plaindre de moi, quand vous étiez à la cour ?

— Votre Majesté a eu la bonté de me faire cette question quand je la quittai, répliqua Andrée ; je répondis, comme aujourd'hui : — Non, Madame.

— Mais souvent, reprit la reine, un grief nous blesse qui ne nous est pas personnel.. Ai-je nui à quelqu'un des vôtres, et par conséquent mérité les paroles dures que vous venez de m'adresser? Andrée, la retraite que vous vous êtes choisie est un asile contre toutes les mauvaises passions du monde. Dieu nous y apprend la douceur, la modération, l'oubli des injures, vertus dont lui-même est le plus pur modèle. Dois-je trouver, en venant voir ici une sœur en Jésus-Christ, dois-je trouver un front sévère et des paroles de fiel? Dois-je, moi qui accours en amie, rencontrer les reproches ou l'animosité voilée d'une ennemie irréconciliable?

Andrée leva les yeux, stupéfaite de cette placidité, à laquelle Marie-Antoinette n'avait pas accoutumé ses serviteurs. Elle était hautaine et rude aux résistances.

Entendre sans s'irriter les paroles qu'Andrée avait prononcées, c'était un effort de patience et d'amitié qui toucha sensiblement la solitaire farouche.

— Sa Majesté sait bien, dit-elle plus bas, que les Taverney ne peuvent être ses ennemis.

— Je comprends, répliqua la reine, vous ne me pardonnez pas d'avoir été froide pour votre frère, et lui-même m'accuse peut-être de légèreté, de caprice même?

— Mon frère est un trop respectable sujet pour accuser la reine, dit Andrée, en s'efforçant de garder sa raideur.

La reine vit bien qu'elle se rendrait suspecte en augmentant la dose de miel destinée à apprivoiser le cerbère. Elle s'arrêta au milieu de ses avances.

— Toujours est-il, dit-elle, qu'en venant à Saint-Denis parler à Madame, j'ai voulu vous voir et vous assurer, que de près comme de loin, je suis votre amie.

Andrée sentit cette nuance; elle craignit d'avoir à son tour offensé qui la caressait; elle craignit bien plus encore d'avoir révélé sa plaie douloureuse à l'œil toujours clairvoyant d'une femme.

—Votre Majesté me comble d'honneur et de joie, dit-elle tristement.

— Ne parlez pas ainsi, Andrée, répliqua la reine en lui serrant la main; vous me déchirez le cœur. Quoi ! il ne sera pas dit qu'une misérable reine puisse avoir une amie, puisse disposer d'une âme, puisse reposer avec confiance ses yeux sur des yeux charmants comme les vôtres, sans soupçonner au fond de ces yeux l'intérêt ou le ressentiment! Oui, oui, Andrée, portez-leur envie, à ces reines, à ces maîtresses des biens, de l'honneur et de la vie de tous. Oh oui! elles sont reines; oh oui! elles possèdent l'or et le sang de leurs peuples; mais le cœur! jamais! jamais! Elles ne peuvent le prendre, et il faut qu'on le leur donne.

—Je vous assure, Madame, dit Andrée ébranlée par cette chaleureuse allocution, que j'ai aimé Votre Majesté autant que j'aimerai jamais en ce monde.

Et en disant ces mots, elle rougit et baissa la tête.

— Vous... m'avez... aimée! s'écria la reine, prenant au bond ces paroles, vous ne m'aimez donc plus?

— Oh! Madame!

— Je ne vous demande rien, Andrée... Maudit soit le cloître qui éteint si vite le souvenir en de certains cœurs.

— N'accusez pas mon cœur, dit vivement Andrée, il est mort.

— Votre cœur est mort! Vous, Andrée, jeune, belle, vous dites que votre cœur est mort! Ah ne jouez donc pas avec ces mots funèbres. Le cœur n'est pas mort chez qui conserve ce sourire, cette beauté; ne dites pas cela, Andrée.

— Je vous le répète, Madame, rien à la cour, rien au monde n'est plus pour moi. Ici je vis comme l'herbe et la plante; j'ai des joies que je comprends seule; voilà pourquoi tout à l'heure, en vous retrouvant, splendide et souveraine, je n'ai pas compris de suite, moi, la timide et obscure religieuse; mes yeux se sont fermés éblouis par votre éclat ; je vous supplie dé me pardonner : ce n'est pas un crime bien grand que cet oubli des glorieuses vanités du monde ; mon confesseur m'en félicite chaque jour, Madame ; ne soyez pas, je vous en supplie, plus sévère que lui.

—Quoi ! vous vous plaisez au couvent ? dit la reine.

— J'embrasse avec bonheur la vie solitaire.

— Rien ne reste plus là qui vous recommande les joies du monde ?

— Rien.

— Mon Dieu! pensa la reine inquiète, est-ce que j'échouerais?

Et un frisson mortel parcourut ses veines.

— Essayons de la tenter, se dit-elle; si ce moyen échoue, j'aurai recours aux prières. Oh! la prier pour cela, la prier pour accepter M. de Charny; bonté du ciel! faut-il être assez malheureuse!

— Andrée, reprit Marie-Antoinette en dominant son émotion, vous venez d'exprimer votre satisfaction en des termes qui m'ôtent l'espoir que j'avais conçu.

— Quel espoir, Madame?

— N'en parlons pas, si vous êtes décidée comme vous venez de le paraître... Hélas! c'était pour moi une ombre de plaisir, elle a fui! Tout n'est-il pas une ombre pour moi! N'y pensons plus.

— Mais enfin, Madame, par cela même que vous devez tirer de là une satisfaction, expliquez-moi...

— A quoi bon. Vous vous êtes retirée du monde, n'est-ce pas?

— Oui, Madame.

— Bien volontiers?

— Oh! de toute ma volonté.

— Et vous vous applaudissez de ce que vous avez fait?

— Plus que jamais.

— Vous voyez bien qu'il est superflu de me faire parler. Dieu m'est témoin cependant que j'ai cru un moment vous rendre heureuse.

— Moi?

— Oui, vous, ingrate qui m'accusiez. Mais aujourd'hui vous avez entrevu d'autres joies, vous savez mieux que moi vos goûts et votre vocation. Je renonce...

—Enfin, Madame, faites-moi l'honneur de me donner un détail.

— Oh! c'est bien simple, je voulais vous ramener à la cour.

— Oh! s'écria Andrée avec un sourire plein d'amertume, moi? revenir à la cour.. mon Dieu!.. Non! non! Madame, jamais!... bien qu'il m'en coûte de désobéir à Votre Majesté.

La reine frissonna. Son cœur s'emplit d'une douleur inexprimable. Elle échouait, puissant navire, sur un atôme de granit.

— Vous refusez? murmura-t-elle.

Et pour cacher son trouble, elle enferma son visage dans ses mains.

Andrée, la croyant accablée, vint à elle et s'agenouilla, comme pour adoucir par son respect, la blessure qu'elle venait de faire à l'amitié ou à l'orgueil.

— Voyons, dit-elle, qu'eussiez-vous fait de moi à la cour, de moi triste, de moi nulle, de moi pauvre, de moi maudite, de moi que chacun fuit parce que je n'ai pas même su inspirer, misérable que je suis, aux femmes la vulgaire inquiétude des rivalités, aux hommes la vulgaire sympathie de la différence des sexes... Ah! madame et chère maîtresse, laissez cette religieuse, elle n'est pas même acceptée de Dieu qui la trouve encore trop défectueuse, lui qui reçoit les infirmes de corps et de cœur. Laissez-moi à ma misère, à mon isolement; laissez-moi.

— Ah! dit la reine en relevant ses yeux, l'état que je venais vous proposer donne un démenti à toutes les humiliations dont vous vous plaignez! Le mariage dont il s'agit vous faisait l'une des plus grandes dames de France.

— Un.... mariage! balbutia Andrée stupéfaite.

— Vous refusez, dit la reine, de plus en plus découragée.

— Oh! oui, je refuse, je refuse!

— Andrée... dit-elle.

— Je refuse, Madame, je refuse.

Marie-Antoinette se prépara dès-lors, avec un affreux serrement de cœur, à entamer les supplications. Andrée vint se jeter à la traverse au moment où elle se levait indécise, tremblante, éperdue, ne tenant pas le premier mot de son discours.

— Au moins, Madame, dit-elle en la

retenant par sa robe, car elle croyait la voir partir, faites-moi cette grâce insigne de me nommer l'homme qui m'accepterait pour compagne; j'ai tant souffert d'être humiliée dans ma vie, que le nom de cet homme généreux....

Et elle sourit avec une ironie poignante.

— Sera, reprit-elle, le baume que je mettrai désormais sur toutes mes blessures d'orgueil.

La reine hésita; mais elle avait besoin de pousser jusqu'au bout.

— M. de Charny, dit-elle d'un ton triste, indifférent.

— M. de Charny! s'écria Andrée avec une explosion effrayante, M. Olivier de Charny!

— M. Olivier, oui, dit la reine en regardant la jeune fille avec étonnement.

— Le neveu de M. de Suffren? continua Andrée, dont les joues s'empourprèrent, dont les yeux resplendirent comme des étoiles.

— Le neveu de M. de Suffren, répondit Marie-Antoinette, de plus en plus saisie.

du changement opéré dans les traits d'Andrée.

— C'est à M. Olivier que vous voulez me marier ? dites, Madame ?

— A lui-même.

— Et... il consent?...

— Il vous demande en mariage.

—Oh! j'accepte, j'accepte, dit Andrée, folle et transportée. C'est donc moi qu'il aime!... moi qu'il aime comme je l'aimais!

La reine recula livide et tremblante avec un sourd gémissement; elle alla tomber terrassée sur un fauteuil, tandis que l'insensée Andrée lui baisait les genoux, la robe et mouillait ses mains de larmes, et les mordait d'ardents baisers.

— Quand partons-nous ? dit-elle enfin, quand la parole put succéder en elle aux cris étouffés, aux soupirs.

— Venez, murmura la reine, qui sentait la vie lui échapper, et qui voulait sauver son honneur avant de mourir.

Elle se leva, s'appuya sur Andrée, dont les lèvres brûlantes cherchaient ses joues glacées ; et, tandis que la jeune fille s'apprêtait au départ :

— Eh bien! mon Dieu!... est-ce assez de souffrances pour un seul cœur? dit avec un sanglot amer l'infortunée souveraine, celle qui possédait la vie et l'honneur de trente millions de sujets!

— Et il faut que je vous remercie, cependant, mon Dieu! ajouta-t-elle; car vous sauvez mes enfants de l'opprobre, vous me donnez le droit de mourir sous mon manteau royal!

VI

Où il est expliqué pourquoi le baron engraissait.

Tandis que la reine décidait du sort de Mademoiselle de Taverney à Saint-Denis, Philippe, le cœur déchiré par tout ce qu'il avait appris, par tout ce qu'il venait de découvrir, pressait les préparatifs de son départ.

Un soldat habitué à courir le monde n'est jamais bien long à faire ses malles et à revêtir le manteau de voyage. Mais Philippe avait des motifs plus puissants que tout autre pour s'éloigner rapidement de Versailles : il ne voulait pas être témoin du déshonneur probable et imminent de la reine, son unique passion.

Aussi le vit-on plus ardent que jamais faire seller ses chevaux, charger ses armes, entasser dans sa valise ce qu'il avait de plus familier pour vivre de la vie d'habitude, et quand il eut terminé tout cela, il fit prévenir M. de Taverney, le père, qu'il avait à lui parler.

Le petit vieillard revenait de Versailles, secouant du mieux qu'il pouvait ses mollets grêles, qui supportaient un ventre rondelet. Le baron, depuis trois à quatre mois engraissait, ce qui lui donnait une fierté facile à comprendre, si l'on songe que le comble de l'obésité devait être en lui le signe d'un parfait contentement.

Or, le parfait contentement de M. de Taverney, c'est un mot qui renferme bien des sens.

Le baron revenait donc tout guilleret de sa promenade au château. Il avait, le soir, pris sa part de tout le scandale du jour. Il avait souri à M. de Breteuil contre M. de Rohan ; à MM. de Soubise et de Guémenée contre M. de Breteuil ; à M. de Provence contre la reine ; à M. d'Artois contre M. de Provence ; à cent personnes contre cent autres personnes ; à pas une pour quelqu'un. Il avait ses provisions de méchancetés, de petites infamies. — Panier plein, il rentrait heureux.

Lorsqu'il apprit par son valet que son fils désirait lui parler, au lieu d'attendre la visite de Philippe, ce fut lui qui traversa tout un palier pour venir trouver le voyageur.

Il entra, sans se faire annoncer, dans la chambre pleine de ce désordre qui précède un départ.

Philippe ne s'attendait pas à des éclats de sensibilité, lorsque son père apprendrait sa résolution, mais il ne s'attendait pas non plus à trop d'indifférence. En effet, Andrée avait déjà quitté la maison paternelle, c'était une existence de moins à tourmenter; le vieux baron devait sentir du vide, et lorsque ce vide serait complété par l'absence du dernier martyr, le baron, pareil aux enfants à qui l'on prend leur chien et leur oiseau, pourrait bien pleurnicher, ne fût-ce que par égoïsme.

Mais il fut bien étonné Philippe, quand il entendit le baron s'écrier avec un rire de jubilation :

— Ah! mon Dieu! il part, il part...

Philippe s'arrêta et regarda son père avec stupeur.

— J'en étais sûr, continua le baron ; je l'eusse parié. Bien joué. Philippe, bien joué.

— Plaît-il, monsieur? dit le jeune homme; qu'est-ce qui est bien joué, je vous prie?

Le vieillard se mit à chantonner en sautillant sur une jambe et en soutenant son commencement de ventre avec ses deux mains.

Il faisait en même temps force clignements d'yeux à Philippe pour qu'il congédiât son valet de chambre.

Ce que comprenant, Philippe obéit. Le baron poussa Champagne dehors et lui ferma la porte sur les talons. Puis revenant près de son fils :

— Admirable, dit-il à voix basse, admirable!

— Voilà bien des éloges que vous me donnez, Monsieur, répondit froidement Philippe, sans que je sache en quoi je les ai mérités...

— Ah! ah! ah! fit le vieillard en se dandinant.

— A moins que toute cette hilarité, Monsieur, ne soit causée par mon départ, qui vous débarrasse de moi.

— Oh, oh, oh!... dit en riant sur une autre note le vieux baron. Là, là, ne te contrains pas devant moi, ce n'est pas la peine ; tu sais bien que je ne suis pas ta dupe... Ah, ah, ah !

Philippe se croisa les bras en se demandant si ce vieillard ne devenait pas fou par quelque coin du cerveau.

— Dupe de quoi ? dit-il.

— De ton départ, pardieu ! est-ce que tu te figures que j'y crois à ton départ ?

— Vous n'y croyez pas ?

— Champagne n'est plus ici, je te le répète. Ne te contrains pas d'avantage ; d'ailleurs, j'avoue que tu n'avais pas d'autre parti à prendre; et tu le prends, c'est bien.

— Monsieur, vous me surprenez à un point!...

— Oui, c'est assez surprenant que j'aie deviné cela; mais que veux-tu, Philippe, il n'y a pas d'homme plus curieux que moi, et quand je suis curieux, je cherche; il n'y a pas d'homme plus heureux que moi pour trouver quand je cherche; donc, j'ai trouvé que tu fais semblant de partir, et je t'en félicite.

— Je fais semblant? cria Philippe intrigué.

Le vieillard s'approcha, toucha la poitrine du jeune homme avec ses doigts osseux comme des doigts de squelette, et de plus en plus confidentiel :

— Parole d'honneur, dit-il, sans cet expédient là, je suis sûr que tout était découvert. Tu prends la chose à temps. Tiens, demain il eût été trop tard. Va-t'en vite, mon enfant, va-t'en vite.

— Monsieur, dit Philippe d'un ton glacé, je vous proteste que je ne comprends pas un mot, un seul, à tout ce que vous me faites l'honneur de me dire.

— Où cacheras-tu tes chevaux ? continua le vieillard, sans répondre directement ; tu as une jument très reconnaissable ; prends garde qu'on ne la voie ici quand on te croira en... A propos, où fais-tu semblant d'aller?

— Je passe à Taverney Maison-Rouge, Monsieur.

— Bien... très bien... tu feins d'aller à Maison-Rouge... Personne ne s'en éclaircira... Oh! mais, très bien... Cependant sois prudent; il y a bien des yeux braqués sur vous deux.

— Sur nous deux !... Qui?

— *Elle* est impétueuse, vois-tu, continua le vieillard, *elle* a des fougues capables de tout perdre. Prends garde ! sois plus raisonnable qu'elle...

— Ah çà ! mais, en vérité, s'écria Philippe avec une sourde colère, je m'imagine, Monsieur, que vous vous divertissez à mes dépens, ce qui n'est pas charitable, je vous jure, ce qui n'est pas bon, car vous m'exposez, chagrin comme je le suis et irrité, à vous manquer de respect.

— Ah bien oui ! le respect ; je t'en dispense ; tu es assez grand garçon pour faire nos affaires, et tu t'en acquittes si

bien que tu m'inspires du respect à moi.
Tu es le Géronte, je suis l'Etourdi;
voyons, laisse-moi une adresse à laquelle
je puisse te faire parvenir un avis s'il
arrivait quelque chose de pressant.

—A Taverney, Monsieur, dit Philippe,
croyant que le vieillard rentrait enfin
dans son bon sens.

— Eh! tu me la donnes belle!... à
Taverney, à quatre-vingts lieues! tu te
figures que si j'ai un conseil important,
pressé, à te faire passer, je m'amuserai
à tuer des courriers sur la route de
Taverney par vraisemblance? Allons
donc, je ne te dis pas de me donner

l'adresse de ta maison du parc, parce qu'on pourrait y suivre mes émissaires, ou reconnaître mes livrées, mais choisis une tierce adresse à distance d'un quart-d'heure ; tu as de l'imagination, que diable, quand on a fait pour ses amours ce que tu viens de faire, on est homme de ressources, morbleu !

— Une maison du parc, des amours, de l'imagination ! Monsieur, nous jouons aux énigmes ; seulement, vous gardez les mots pour vous.

— Je ne connais pas d'animal plus net et plus discret que toi ! s'écria le père, avec dépit; je n'en connais pas dont les réserves soient plus blessantes. Ne dirait-on pas que tu as peur d'être trahi par moi? Ce serait bizarre!

— Monsieur! dit Philippe exaspéré.

— C'est bon! c'est bon! garde tes secrets pour toi; garde le secret de ta maison louée à l'ancienne Louveterie.

— J'ai loué la Louveterie? moi!

— Garde le secret des promenades nocturnes faites par toi entre deux adorables amies.

— Moi !... je me suis promené, murmura Philippe, pâlissant

— Garde le secret de ces baisers éclos comme le miel sous les fleurs et la rosée.

— Monsieur ! rugit Philippe ivre de jalousie furieuse; Monsieur ! vous tairez-vous ?

— C'est bon, te dis-je encore, tout ce que tu as fait, je l'ai su, t'ai-je dit? T'es tu douté que je le savais? Mordieu ! cela devrait te donner de la confiance. Ton intimité avec la reine, tes entreprises favorisées, tes excursions dans les bains d'Apollon, mon Dieu ! mais c'est notre vie et notre fortune à tous. N'aie donc pas peur de moi, Philippe... Confie-toi donc à moi.

— Monsieur, vous me faites horreur, s'écria Philippe en cachant son visage dans ses mains.

Et en effet, c'était bien de l'horreur qu'il éprouvait, ce malheureux Philippe, pour l'homme qui mettait à nu ses plaies, et, non content de les avoir dénudées, les agrandissait, les déchirait avec une sorte de rage. C'était bien de l'horreur qu'il éprouvait pour l'homme qui lui attribuait tout le bonheur d'un autre, et qui, croyant le caresser, le flagellait avec le bonheur d'un rivla.

Tout ce que le père avait appris, tout ce qu'il avait deviné, tout ce que les malveillants mettaient sur le compte de M. de Rohan, les mieux informés sur le compte de Charny, le baron, lui, le rapportait à son fils. Pour lui c'était Philippe que la reine aimait, et poussait peu à peu dans l'ombre aux plus hauts échelons du favoritisme. Voilà le parfait contentement qui depuis quelques semaines engraissait le ventre de M. de Taverney.

Quand Philippe eut découvert ce nouveau bourbier d'infamie, il frissonna de s'y voir plonger par le seul être qui eût dû faire cause commune avec lui pour l'honneur ; mais le coup avait été tellement violent, qu'il demeura étourdi, muet pendant que le baron caquetait avec plus de verve que jamais.

— Vois, lui disait-il, tu as fait là un chef-d'œuvre, tu as dépisté tout le monde ; ce soir cinquante yeux m'ont dit : C'est Rohan. Cent m'ont dit : C'est Charny. Deux cents m'ont dit : C'est Rohan et Charny ! Pas un, entends-tu bien ; pas un n'a dit : c'est Taverney. Je te répète que tu as fait un chef-d'œuvre, c'est bien le moins que je t'en fasse mes compliments... Du reste, à toi comme à elle, cela fait honneur, mon cher. A elle, parce qu'elle t'a pris ; à toi, parce que tu la tiens.

Au moment où Philippe, rendu furieux par ce dernier trait, foudroyait d'un regard dévorant l'impitoyable vieillard, d'un regard prélude de la tempête, le bruit d'un carrosse retentit dans la cour de l'hôtel, et certaines rumeurs, certaines allées et venues d'un caractère étrange, appelèrent au dehors l'attention de Philippe.

On entendit Champagne s'écrier :

—Mademoiselle! c'est mademoiselle!

Et plusieurs voix répétèrent:

— Mademoiselle!...

— Comment, Mademoiselle? dit Taverney. Quelle demoiselle est-ce là?

— C'est ma sœur! murmura Philippe, saisi d'étonnement lorsqu'il reconnut Andrée qui descendait de carrosse, éclairée par le flambeau du suisse.

— Votre sœur! répéta le vieillard.... Andrée?... est-ce possible?

Et Champagne arrivant pour confirmer ce qu'avait annoncé Philippe :

— Monsieur, dit-il à Philippe, Mademoiselle votre sœur est dans le boudoir auprès du grand salon ; elle attend Monsieur pour lui parler.

— Allons au-devant d'elle, s'écria le baron.

— C'est à moi qu'elle veut avoir affaire, dit Philippe en saluant le vieillard ; j'irai le premier, s'il vous plaît.

Au même instant, un second carrosse entra bruyamment dans la cour.

— Qui diable vient encore, murmura le baron..., c'est la soirée aux aventures.

— M. le comte Olivier de Charny ! cria la voix puissante du suisse aux valets de pied.

— Conduisez Monsieur le comte au salon, dit Philippe à Champagne, Monsieur le baron le recevra. — Moi je vais au boudoir parler à ma sœur.

Les deux hommes descendirent lentement l'escalier.

— Que vient faire ici le comte ? se demandait Philippe.

— Qu'est venue faire ici Andrée ? pensait le baron.

VII

Le père et la fiancée.

Le salon de l'hôtel était situé dans le premier corps de logis, au rez-de-chaussée. A sa gauche était le boudoir, avec une sortie sur l'escalier, conduisant à l'appartement d'Andrée.

à sa droite, un autre petit salon par lequel on entrait dans le grand.

Philippe arriva le premier dans le boudoir où attendait sa sœur. Il avait, une fois dans le vestibule, doublé le pas pour être plus tôt dans les bras de cette compagne chérie.

Aussitôt qu'il eut ouvert la double porte du boudoir, Andrée vint le prendre à son col et l'embrassa d'un air joyeux auquel n'était plus habitué, depuis longtemps, ce triste amant, ce malheureux frère.

—Bonté du ciel! que t'arrive-t-il donc?

demanda le jeune homme à Andrée.

— Quelque chose d'heureux ! oh ! de bien heureux ! mon frère.

— Et tu reviens pour me l'annoncer ?

— Je reviens pour toujours ! s'écria Andrée avec un transport de bonheur qui fit de son exclamation un cri éclatant.

— Plus bas, petite sœur, plus bas, dit Philippe ; les lambris de cette maison ne sont plus habitués à la joie, et de plus, il y a là, dans ce salon à côté, ou il va s'y trouver, quelqu'un qui t'entendrait.

— Quelqu'un, fit Andrée; qui donc?

— Ecoute, répliqua Philippe.

— Monsieur le comte de Charny, annonça le valet de pied en introduisant Olivier du petit salon dans le grand.

— Lui! lui! s'écria Andrée en redoublant ses caresses à son frère. Oh! je sais bien ce qu'il vient faire ici, va.

— Tu le sais?

— Tiens! je le sais si bien que je m'aperçois du désordre de ma toilette, et que,, comme je prévois le moment où je devrai à mon tour entrer dans ce salon pour y entendre de mes oreilles ce que vient dire M. de Charny...

—Parlez-vous sérieusement, ma chère Andrée ?

— Ecoute, écoute, Philippe, et laisse-moi monter jusqu'à mon appartement. La reine m'a ramenée un peu vite; je vais changer mon négligé de couvent contre une toilette... Oh! mais une toilette... de fiancée.

Et sur ce mot qu'elle articula bas à Philippe en l'accompagnant d'un baiser joyeux, Andrée, légère et emportée, disparut par l'escalier qui montait à son appartement.

Philippe resta seul et appliqua sa joue sur la porte qui communiquait du boudoir au salon, et il écouta.

Le comte de Charny était entré. Il arpentait lentement le vaste parquet et semblait plutôt méditer qu'attendre.

M. de Taverney le père entra à son tour et vint saluer le comte avec une politesse recherchée, bien que contrainte.

— A quoi, dit-il enfin, dois-je l'honneur de cette visite imprévue, Monsieur le comte ? en tout cas, croyez qu'elle me comble de joie.

— Je suis venu, Monsieur, en cérémonie, comme vous le voyez, et je vous prie de m'excuser si je n'ai point amené avec moi mon oncle, Monsieur le bailli de Suffren, ainsi que j'aurais dû le faire.

— Comment, balbutia le baron, mais je vous excuse, mon cher monsieur de Charny.

— Cela était de convenance, je le sais, pour la demande que je me prépare à vous présenter.

— Une demande? dit le baron.

— J'ai l'honneur, reprit Charny d'une voix que dominait l'émotion, de vous demander la main de mademoiselle Andrée de Taverney, votre fille.

Le baron fit un soubresaut sur son fauteuil. Il ouvrit des yeux étincelants qui semblaient dévorer chacune des paroles que venait de prononcer le comte de Charny.

— Ma fille!... murmura-t-il, vous me demandez Andrée en mariage?

— Oui, Monsieur le baron ; à moins que Mademoiselle de Taverney ne sente quelque répugnance pour cette union.

— Ah çà! mais, pensa le vieillard, la faveur de Philippe est-elle déjà si éclatante que l'un de ses rivaux en veuille profiter en épousant sa sœur? Ma foi, ce n'est pas mal joué non plus, Monsieur de Charny.

Et tout haut, avec un sourire :

— Cette recherche est tellement honorable pour notre maison, monsieur le comte, dit-il, que j'y accède avec bien de la joie, quant à ce qui me regarde, et comme je tiens à ce que vous emportiez d'ici un consentement complet, je ferai prévenir ma fille.

— Monsieur, interrompit le comte avec froideur, vous prenez là, je pense, un soin inutile. La reine a bien voulu consulter Mademoiselle de Taverney à cet égard, et la réponse de mademoiselle votre fille m'a été favorable.

— Ah! fit le baron, de plus en plus émerveillé, c'est la Reine...

— Qui a pris la peine de se transporter à Saint-Denis, oui, Monsieur.

Le baron se leva.

— Il ne me reste plus qu'à vous donner connaissance, Monsieur le comte, dit-il, de ce qui concerne la situation de Mademoiselle de Taverney. J'ai là-haut les titres de fortune de sa mère. Vous n'épousez pas une fille riche, monsieur le comte, et avant de rien conclure....

— Inutile, Monsieur le baron, dit sèchement Charny. Je suis riche pour deux, et mademoiselle de Taverney n'est pas de ces femmes qu'on marchande. Mais cette question que vous vouliez traiter pour votre compte, Monsieur le baron, il m'est indispensable de la traiter pour le mien.

Il achevait à peine ces mots, que la porte du boudoir s'ouvrit, et que parut Philippe, pâle, défait, une main dans sa veste, et l'autre convulsivement fermée.

Charny le salua cérémonieusement et reçut un salut pareil.

— Monsieur, dit Philippe, mon père avait raison de vous proposer un entretien sur les comptes de famille ; nous avons tous deux des éclaircissements à vous donner. Tandis que Monsieur le baron va monter chez lui pour chercher les papiers dont il vous parlait, j'aurai l'honneur de traiter la question avec vous plus en détail.

Et Philippe, avec un regard empreint d'une irrécusable autorité, congédia le baron, qui sortit mal à son aise, prévoyant quelque traverse.

Philippe accompagna le baron jusqu'à la porte de sortie du petit salon, pour être sûr que cette pièce demeurerait vide. Il alla regarder de même dans le boudoir, et assuré de n'être entendu de personne, sinon par celui auquel il s'adressait :

— Monsieur de Charny, dit-il en se

croisant les bras en face du comte, comment se fait-il que vous osiez venir demander ma sœur en mariage?

Olivier recula et rougit.

— Est-ce, continua Philippe, pour cacher mieux vos amours avec cette femme que vous poursuivez, avec cette femme qui vous aime; est-ce pour que vous voyant marié, on ne puisse dire que vous avez une maîtresse?

— En vérité, Monsieur... dit Charny chancelant, altéré.

— Est-ce, ajouta Philippe, pour que, devenu l'époux d'une femme qui approchera votre maîtresse à toute heure, vous ayez plus de facilité à la voir, cette maîtresse adorée ?

— Monsieur, vous passez les bornes !

— C'est peut-être, et je crois plutôt cela, continua Philippe en se rapprochant de Charny : c'est sans doute pour que, devenu votre beau-frère, je ne révèle pas ce que je sais de vos amours passées.

— Ce que vous savez, s'écria Charny épouvanté, prenez garde, prenez garde.

— Oui, dit Philippe en s'animant, la maison du louvetier, louée par vous;

vos promenades mystérieuses, dans le parc de Versailles... la nuit... vos mains pressées, vos soupirs, et surtout ce tendre échange de regards à la petite porte du parc...

— Monsieur, au nom du ciel ; monsieur, vous ne savez rien ; dites que vous ne savez rien.

— Je ne sais rien ! s'écria Philippe avec une sanglante ironie. Comment ne saurais-je rien, moi qui étais caché dans les broussailles derrière la porte des bains d'Apollon, quand vous êtes sorti donnant le bras à la reine.

Charny fit deux pas, comme un homme frappé à mort qui cherche un appui autour de lui.

Philippe le regarda avec un farouche silence. Il le laissait souffrir, il le laissait expier par ce tourment passager les heures d'ineffables délices qu'il venait de lui reprocher.

Charny se releva de son affaissement.

— Eh bien, Monsieur, dit-il à Philippe, même après ce que vous venez de me dire, je vous demande, à vous, la main de mademoiselle de Taverney. Si je n'étais qu'un lâche calculateur, comme vous le supposiez il y a un moment : si je me mariais pour moi, je serais tellement misérable, que j'aurais peur de l'homme qui tient mon secret et celui de la reine. Mais il faut que la reine soit sauvée, Monsieur, il le faut.

— En quoi la reine est-elle perdue, dit Philippe, parce que M. de Taverney l'a vue serrer le bras de M. de Charny, et lever au ciel des yeux humides de bonheur? En quoi la reine est-elle perdue, parce que je sais qu'elle vous aime? Oh! ce n'est pas une raison de sacrifier ma sœur, Monsieur, et je ne la laisserai pas sacrifier.

— Monsieur, répondit Olivier, savez-vous pourquoi la reine est perdue si ce mariage ne se fait pas? C'est que ce matin même, tandis qu'on arrêtait M. de Rohan, le roi m'a surpris aux genoux de la reine.

— Mon Dieu!

— Et que la reine interrogée par son roi jaloux, a répondu que je m'agenouillais pour lui demander la main de votre sœur. Voilà pourquoi, Monsieur, si je n'épouse pas votre sœur, la reine est perdue. Comprenez-vous, maintenant?

Un double bruit coupa la phrase d'Olivier : un cri et un soupir. Ils partaient tous deux l'un du boudoir, l'autre du petit salon.

Olivier courut au soupir ; il vit dans le boudoir Andrée de Taverney vêtue de blanc comme une fiancée. Elle avait tout entendu et venait de s'évanouir.

Philippe courut au cri dans le petit salon. Il aperçut le corps du baron de Taverney que cette révélation de l'amour de la reine pour Charny venait de foudroyer sur la ruine de toutes ses espérances.

Le baron, frappé d'apoplexie, avait rendu le dernier soupir.

La prédiction de Cagliostro était accomplie.

Philippe, qui comprenait tout, même la honte de cette mort, abandonna silencieusement le cadavre, et revint au salon, vers Charny, qui contemplait en tremblant et sans oser y toucher cette belle jeune fille froide et inanimée.

Les deux portes ouvertes laissaient voir ces deux corps parallèlement, symétriquement posés, pour ainsi-dire, à l'endroit où les avait frappés le coup de la révélation.

Philippe, les yeux gonflés, le cœur bouillant, eut le courage de prendre la parole, pour dire à M. de Charny :

— Monsieur le baron de Taverney vient de mourir. Après lui, je suis le chef de ma famille. Si Mademoiselle de Taverney survit, je vous la donne en mariage.

Charny regarda le cadavre du baron avec horreur, le corps d'Andrée avec désespoir. Philippe arrachait à deux mains ses cheveux, et lança vers le ciel une exclamation qui dût émouvoir le cœur de Dieu sur son trône éternel.

— Comte de Charny, dit-il après avoir calmé en lui la tempête, je prends cet engagement au nom de ma sœur qui ne m'entend pas : elle donnera son bonheur à une reine, et moi peut-être un jour serai-je assez heureux pour lui donner ma vie. Adieu, monsieur de Charny ; adieu, mon beau-frère.

Et, saluant Olivier qui ne savait comment s'éloigner sans passer près d'une des victimes, Philippe releva Andrée, la réchauffa dans ses bras, et livra ainsi passage au comte, qui disparut par le boudoir.

VIII

Après le dragon, la vipère.

Il est temps pour nous de revenir à ces personnages de notre histoire que la nécessité et l'intrigue, aussi bien que la vérité historique, ont relégués au deuxième plan.

Oliva se préparait à fuir, pour le

compte de Jeanne, quand Beausire, prévenu par un avis anonyme, Beausire, haletant après la reprise de Nicole, se trouva conduit jusque dans ses bras, et l'enleva de chez Gagliostro, tandis que M. Réteaux de Villette attendait vainement au bout de la rue du Roi-Doré.

Pour trouver les heureux amants, que M. de Crosne avait tant intérêt à découvrir, Madame de La Mothe, qui se sentait dupée, mit en campagne tout ce qu'elle eut de gens affidés.

Elle aimait mieux, on le conçoit, veiller elle-même sur son secret, que d'en laisser le maniement à d'autres, et pour la bonne gestion de l'affaire qu'elle préparait, il était indispensable que Nicole fût introuvable.

Il est impossible de dépeindre les angoisses qu'elle eut à subir quand chacun de ses émissaires lui annonça, en revenant, que les recherches étaient inutiles.

En ce moment même elle recevait, cachée, ordres sur ordres de paraître chez la reine et de venir répondre de sa conduite au sujet du collier.

Nuitamment, voilée, elle partit pour

Bar-sur-Aube, où elle avait un pied à terre, et, y étant arrivée par des chemins de traverse, sans avoir été reconnue, elle prit le temps d'envisager sa position sous son véritable jour.

Elle gagnait ainsi deux ou trois jours, face à face avec elle-même, et se donnait le temps, et avec le temps la force de soutenir, par une solide fortification intérieure, l'édifice de ses calomnies.

Deux jours de solitude pour cette âme profonde, c'était la lutte au bout de laquelle seraient domptés le corps et l'esprit, après laquelle la conscience obéissante ne se retournerait plus, instrument dangereux, contre la coupable, après laquelle le sang aurait pris l'habitude de circuler autour du cœur sans monter au visage pour y révéler la honte ou la surprise.

La Reine, le Roi, qui la faisaient chercher; n'apprirent son installation à Bar-sur-Aube qu'au moment où elle était déjà préparée à faire la guerre. Ils envoyèrent un exprès pour l'amener. Ce fut alors qu'elle apprit l'arrestation du cardinal.

Toute autre qu'elle eût été terrassée par cette vigoureuse offensive, mais Jeanne n'avait plus rien à ménager.

Qu'était une question de liberté dans la balance, auprès des questions de vie ou de mort qui s'y entassaient chaque jour?

En apprenant la prison du cardinal et l'éclat qu'avait fait Marie-Antoinette :

— La reine a brûlé ses vaisseaux, calcula-t-elle froidement; impossible à elle de revenir sur le passé. En refusant de transiger avec le cardinal et de payer les bijoutiers, elle joue quitte ou double. Cela prouve qu'elle compte sans moi et qu'elle ne soupçonne pas les forces que j'ai à ma disposition.

Voilà de quelles pièces était faite l'armure que portait Jeanne, lorsqu'un homme, moitié exempt, moitié messager, se présenta tout à coup devant elle et lui annonça qu'il était chargé de la *ramener à la cour*.

Le messager chargé de l'amener à la cour, voulait la conduire directement chez le roi : mais Jeanne, avec cette habileté qu'on lui connaît :

— Monsieur, dit-elle, vous aimez la reine, n'est-ce pas ?

— En doutez-vous ? madame la comtesse, repartit le messager.

— Eh bien ! au nom de cet amour loyal et du respect que vous avez pour la reine, je vous adjure de me conduire chez la reine d'abord.

L'officier voulut faire des objections.

— Vous savez, assurément, de quoi il s'agit, mieux que moi, repartit la comtesse. Voilà pourquoi vous comprendrez qu'un entretien secret de la reine avec moi est indispensable.

Le messager, tout pétri des idées calomnieuses qui empestaient l'air de Versailles depuis plusieurs mois, crut réellement rendre un service à la reine en menant Madame de La Mothe auprès d'elle avant de la montrer au roi.

Qu'on se figure la hauteur, l'orgueil, la conscience altière de la reine mise en présence de ce démon qu'elle ne connaissait pas encore, mais dont elle soupçonnait la perfide influence sur ses affaires.

Qu'on se représente Marie-Antoinette, veuve encore inconsolée de son amour qui avait succombé au scandale, Marie-Antoinette, écrasée par l'injure d'une accusation qu'elle ne pouvait réfuter, qu'on se la représente, après tant de souffrances, se disposant à mettre le pied sur la tête du serpent qui l'a mordue!

Le dédain suprême, la colère mal contenue, la haine de femme à femme, le sentiment d'une supériorité incomparable de position, voilà quelles étaient les armes des adversaires. La reine commença par faire entrer comme témoins deux de ses femmes, œil baissé, lèvres closes, révérence lente et solennelle; un cœur plein de mystères, un esprit plein d'idées, le désespoir pour dernier moteur, voilà quel était le second champion. Madame de La Mothe, dès qu'elle aperçut les deux femmes :

— Bon! dit-elle, voilà deux témoins qu'on renverra tout à l'heure.

— Ah! vous voilà enfin! madame, s'écria la reine, on vous trouve enfin!

Jeanne s'inclina une deuxième fois.

— Vous vous cachez donc? dit la reine avec impatience.

— Me cacher! non, madame, répliqua Jeanne d'une voix douce et à peine timbrée, comme si l'émotion produite par la majesté royale en altérait seule la sonorité ordinaire; je ne me cachais pas si je me fusse cachée, on ne m'eût point trouvée.

— Vous vous êtes enfuie, cependant ? Appelons cela comme il vous plaira.

— C'est-à-dire que j'ai quitté Paris, oui, madame.

— Sans ma permission ?

— Je craignais que Sa Majesté ne m'accordât pas le petit congé dont j'avais besoin pour arranger mes affaires à Bar-sur-Aube, où j'étais depuis six jours, quand l'ordre de Sa Majesté m'y vint chercher. D'ailleurs, il faut le dire, je ne me croyais pas tellement nécessaire à Votre Majesté, que je fusse obligée de la prévenir pour faire une absence de huit jours.

— Eh! vous avez raison, Madame; pourquoi avez-vous craint mon refus d'un congé? Quel congé avez-vous à me demander? Quel congé ai-je à vous accorder? Est-ce que vous occupez une charge, ici?

Il y eut trop de mépris sur ces derniers mots. Jeanne, blessée, mais retenant son sang comme les chats-tigres piqués par la flèche.

— Madame, dit-elle humblement, je n'ai pas de charge à la cour, c'est vrai ; mais Votre Majesté m'honorait d'une confiance si précieuse que je me regardais comme engagée bien plus auprès d'elle par la reconnaissance que d'autres ne le sont par le devoir.

Jeanne avait cherché longtemps, elle avait trouvé le mot confiance et elle appuyait dessus.

— Cette confiance, répéta la reine, plus écrasante encore de mépris que dans sa première apostrophe, nous en allons régler le compte. Avez-vous vu le roi?

— Non, Madame.

— Vous le verrez.

Jeanne salua.

— Ce sera un grand honneur pour moi, dit-elle.

La reine chercha un peu de calme pour commencer ses questions avec avantage.

Jeanne profita de ce répit pour dire :

— Mais, mon Dieu! Madame, comme Votre Majesté se montre sévère à mon égard. Je suis toute tremblante.

— Vous n'êtes pas au bout, dit brusquement la reine; savez-vous que M. de Rohan est à la Bastille?

— On me l'a dit, Madame.

— Vous devinez bien pourquoi?

Jeanne regarda fixement la reine, et se tournant vers les femmes dont la présence semblait la gêner, répondit:

— Je ne le sais pas, Madame.

— Vous savez, cependant, que vous m'avez parlé d'un collier, n'est-ce pas ?

— D'un collier de diamants; oui, Madame.

— Et que vous m'avez proposé, de la part du cardinal, un accommodement pour payer ce collier ?

— C'est vrai, Madame.

— Ai-je accepté ou refusé cet accommodement ?

— Votre Majesté a refusé.

—Ah! fit la reine avec une satisfaction mêlée de surprise.

— Sa Majesté a même donné un à-compte de deux cent mille livres, ajouta Jeanne.

— Bien... et après?

— Après, Sa Majesté ne pouvant payer, parce que M. de Calonne lui avait refusé de l'argent, a renvoyé l'écrin aux joailliers Bœhmer et Bossange.

— Par qui renvoyé?

— Par moi.

— Et vous, qu'avez-vous fait?

— Moi, dit lentement Jeanne, qui sentait tout le poids des paroles qu'elle allait prononcer, moi, j'ai donné les diamants à Monsieur le cardinal.

— A Monsieur le cardinal! s'écria la reine, et pourquoi, s'il vous plaît? au lieu de les remettre aux joailliers.

— Parce que, Madame, M. de Rohan s'étant intéressé à cette affaire, qui plaisait à Votre Majesté, je l'eusse blessé en ne lui fournissant point l'occasion de la terminer lui-même.

— Mais comment se fait-il que vous ayez tiré un reçu des joailliers?

— Parce que M. de Rohan m'a remis ce reçu.

— Mais cette lettre que vous avez, dit-on, remise aux joailliers comme venant de moi?

— M. de Rohan m'a prié de la remettre.

— C'est donc en tout et toujours M. de

Rohan qui s'est mêlé de cela ! s'écria la reine.

— Je ne sais ce que Votre Majesté veut dire, répliqua Jeanne d'un air distrait, ni de quoi M. de Rohan s'est mêlé.

— Je dis que le reçu des joailliers, remis ou envoyé par moi à vous est faux !

— Faux ! dit Jeanne avec candeur, oh ! madame !

— Je dis que la prétendue lettre d'acceptation du collier, signée, dit-on, de moi, est fausse!

— Oh! s'écria Jeanne plus étonnée en apparence encore que la première fois.

— Je dis enfin, poursuivit la reine, que vous avez besoin d'être confrontée avec M. de Rohan pour nous faire éclaircir cette affaire.

— Confrontée! dit Jeanne. Mais, madame, quel besoin de me confronter avec Monsieur le cardinal?

— Lui-même le demandait.

— Lui ?

— Il vous cherchait partout.

— Mais, madame, c'est impossible.

— Il voulait vous prouver, disait-il, que vous l'aviez trompé.

— Oh! pour cela, Madame, je demande la confrontation.

— Elle aura lieu, madame, croyez-le bien. Ainsi, vous niez savoir où est le collier?

— Comment le saurais-je?

— Vous niez avoir aidé Monsieur le cardinal dans certaines intrigues ?....

— Votre Majesté a tout droit de me disgracier. Mais de m'offenser, aucun. Je suis une Valois, Madame.

— Monsieur le cardinal a soutenu devant le roi des calomnies qu'il espère faire reposer sur des bases sérieuses.

— Je ne comprends pas.

— Le cardinal a déclaré m'avoir écrit.

Jeanne regarda la reine en face et ne répliqua rien.

—M'entendez-vous ? dit la reine.

— J'entends, oui, Votre Majesté.

— Et que répondez-vous ?

— Je répondrai quand on m'aura confrontée avec Monsieur le cardinal.

— Jusque-là, si vous savez la vérité, aidez-nous ?

— La vérité, Madame, c'est que Votre Majesté m'accable sans sujet et me maltraite sans raison.

— Ce n'est pas une réponse, cela.

— Je n'en ferai cependant pas d'autre ici, Madame.

Et Jeanne regarda les deux femmes encore une fois.

La reine comprit, mais elle ne céda pas. La curiosité ne put l'emporter sur le respect humain. Dans les réticences de Jeanne, dans son attitude à la fois humble et insolente perçait l'assurance qui résulte d'un secret acquis. Ce secret, peut-être la reine l'eût-elle acheté par la douceur.

Elle repoussa ce moyen comme indigne d'elle.

— M. de Rohan a été mis à la Bastille pour avoir trop voulu parler, dit Marie-Antoinette, prenez garde, Madame, d'encourir le même sort pour avoir voulu vous taire.

Jeanne enfonça ses ongles dans ses mains, mais elle sourit.

— A une conscience pure, dit-elle, qu'importe la persécution ; la Bastille me convaincra-t-elle d'un crime que je n'ai pas commis ?

La reine regarda Jeanne avec un œil courroucé.

— Parlerez-vous ? dit-elle.

— Je n'ai rien à dire, Madame, sinon à vous.

— A moi ? Eh bien ! est-ce que ce n'est pas à moi que vous parlez ?

— Pas à vous seule.

— Ah ! nous y voilà, s'écria la reine ; vous voulez le huis-clos. Vous craignez le scandale de l'aveu public après m'avoir infligé le scandale du soupçon public.

Jeanne se redressa.

— N'en parlons plus, dit-elle ; ce que

j'en faisais, c'était pour vous. Quelle insolence!

— Je subis respectueusement les injures de ma reine, dit Jeanne sans changer de couleur.

— Vous coucherez à la Bastille ce soir, Madame de La Mothe.

— Soit, Madame. Mais avant de me coucher, selon mon habitude, je prierai Dieu pour qu'il conserve l'honneur et la joie à Votre Majesté, répliqua l'accusée.

La reine, se levant furieuse, passa dans la chambre voisine, en repoussant les portes avec violence.

— Après avoir vaincu le dragon, dit-elle, j'écraserai bien la vipère !

— Je sais son jeu par cœur, pensa Jeanne, je crois que j'ai gagné.

IX.

Comment il se fit que M. de Beausire en croyant chasser le lièvre fut chassé lui-même par les agents de M. de Crosne.

Madame de La Mothe fut incarcérée comme l'avait voulu la reine.

Aucune compensation ne parut plus agréable au roi qui haïssait instinctivement cette femme. Le procès s'instruisit sur l'affaire du collier avec toute la rage que peuvent mettre des marchands ruinés qui espèrent se tirer d'embarras, des accusés qui veulent se tirer de l'accusation, et des juges populaires qui ont dans les mains l'honneur et la vie d'une reine, sans compter l'amour-propre ou l'esprit de parti.

Ce ne fut qu'un cri par toute la France. Aux nuances de ce cri la reine put reconnaître et compter ses partisans ou ses ennemis.

Depuis qu'il était incarcéré, M. de Rohan demandait instamment à être confronté avec Madame de La Mothe. Cette satisfaction lui fut accordée. Le prince vivait à la Bastille comme un grand seigneur dans une maison qu'il avait louée. Hormis la liberté, tout lui était accordé sur sa demande.

Ce procès avait pris dès l'abord des proportions mesquines, eu égard à la qualité des personnes incriminées. Aussi s'étonnait-on qu'un Rohan pût être inculpé pour vol. Aussi, les officiers et le gouverneur de la Bastille témoignaient-ils au cardinal toute la déférence, tout le respect dûs au malheur. Pour eux ce n'était pas un accusé, mais un homme en disgrâce.

Ce fut bien autre chose encore lorsqu'il fut répandu dans le public que M. de Rohan tombait victime des intrigues de la cour. Ce ne fut plus pour le prince de la sympathie, ce fut de l'enthousiasme.

Et M. de Rohan, l'un des premiers parmi les nobles de ce royaume, ne comprenait pas que l'amour du peuple lui venait uniquement de ce qu'il était pesécuté par plus noble que lui. M. de Rohan, dernière victime du despotisme, était de fait l'un des premiers révolutionnaires de France.

Son entretien avec Madame de La Mothe fut signalé par un incident remarquable. La comtesse, à qui l'on permettait de parler bas toutes les fois qu'il s'agissait de la reine, réussit à dire au cardinal :

— Eloignez tout le monde, et je vous donnerai les éclaircissements que vous demandez.

Alors M. de Rohan désira d'être seul, et de l'interroger à voix basse.

On le lui refusa ; mais on laissa son conseil s'entretenir avec la comtesse.

Quant au collier, elle répondit qu'elle ignorait ce qu'il était devenu, mais qu'on aurait bien pu le lui donner à elle.

Et comme le conseil se récriait, étourdi de l'audace de cette femme, elle lui demanda si le service qu'elle avait rendu à la reine et au cardinal ne valait pas un million ?

L'avocat répéta ces mots au cardinal, sur quoi celui-ci pâlit, baissa la tête et devina qu'il était tombé dans le piège de cette infernale oiseleur.

Mais s'il pensait déjà, lui, à étouffer le bruit de cette affaire, qui perdait la reine, ses ennemis, ses amis le poussaient à ne pas interrompre les hostilités.

On lui objectait que son honneur était en jeu; qu'il s'agissait d'un vol; que sans arrêt du parlement l'innocence n'était pas prouvée.

Or, pour prouver cette innocence, il fallait prouver les rapports du cardinal avec la reine, et prouver par conséquent le crime de celle-ci.

A cette réflexion, Jeanne répliqua qu'elle n'accuserait jamais la reine, non plus que le cardinal; mais que si on persévérait à la rendre responsable du collier, ce qu'elle ne voulait pas faire elle le ferait, c'est-à-dire qu'elle prouverait que reine et cardinal avaient intérêt à l'accuser de mensonge.

Lorsque ces conclusions furent communiquées au cardinal, le prince témoigna tout son mépris pour celle qui parlait de le sacrifier ainsi. Il ajouta qu'il comprenait jusqu'à un certain point la conduite de Jeanne, mais qu'il ne comprenait pas du tout celle de la reine.

Ces mots rapportés à Marie-Antoinette et commentés, l'irritaient et la faisaient bondir. Elle voulut qu'un interrogatoire particulier fût dirigé sur les parties mytérieuses de ce procès. Le grand grief des entrevues nocturnes apparut alors, développé dans son plus large jour par les calomniateurs et les faiseurs de nouvelles.

Mais ce fut alors que la malheureuse reine se trouva menacée. — Jeanne affirmait ne pas connaître ce dont on lui parlait, et cela devant les gens de la reine; mais vis-à-vis des gens du cardinal, elle n'était pas aussi discrète, et répétait toujours :

— Qu'on me laisse tranquille, sinon, je parlerai.

Ces réticences, ces modesties l'avaient posée en héroïne, et embrouillaient si bien le procès, que les plus braves éplucheurs de dossiers frémissaient en consultant les pièces, et que nul juge instructeur n'osait poursuivre les interrogatoires de la comtesse.

Le cardinal fut-il plus faible. plus franc? avoua-t-il à quelque ami ce qu'il appelait son secret d'amour ? On ne le sait ; on ne doit pas le croire, car c'était un noble cœur, bien dévoué, que celui du prince. Mais si loyal qu'il eût été dans son silence, le bruit se répandit de son colloque avec la reine. Tout ce que le comte de Provence avait dit, tout ce que Charny et Philippe avaient su ou vu, tous ces arcanes inintelligibles pour tout autre qu'un prétendant comme le frère du roi, ou des rivaux d'amour, comme Philippe et Charny, tout le mystère de ces amours si calomniées et si chastes, s'évapora comme un parfum, et fondu dans la vulgaire atmosphère, perdit l'arôme illustre de son origine.

On pense si la reine trouva de chauds défenseurs, si M. de Rohan trouva de zélés champions.

La question n'était plus celle-ci : — La reine a-t-elle volé ou non un collier de diamants?

Question assez déshonorante en elle-même, pourtant; mais cela ne suffisait même plus. La question était :

La reine a-t-elle dû laisser voler le collier par quelqu'un qui avait pénétré le secret de ses amours adultères?

Voilà comment Madame de La Mothe était parvenue à tourner la difficulté. Voilà comment la reine se trouvait engagée dans uns voie sans autre issue que le déshonneur.

Elle ne se laissa pas abattre, elle résolut de lutter ; le roi la soutint.

Le ministère aussi la soutint et de toutes ses forces. La reine se rappela que M. de Rohan était un homme honnête, incapable de vouloir perdre une femme. Elle se rappela son assurance quand il jurait avoir été admis aux rendez-vous de Versailles.

Elle conclut que le cardinal n'était pas son ennemi direct et qu'il n'avait comme elle qu'un intérêt d'honneur dans la question.

On dirigea dès-lors tout l'effort du procès sur la comtesse, et l'on chercha activement les traces du collier perdu.

La reine, acceptant le débat sur l'accusation de faiblesse adultère, rejetait sur Jeanne la foudroyante accusation du vol frauduleux.

Tout parlait contre la comtesse, ses antécédents, sa première misère, son élévation étrange ; la noblesse n'acceptait pas cette princesse de hasard, le peuple ne pouvait la revendiquer ; le peuple hait d'instinct les aventuriers, il ne leur pardonne pas même le succès.

Jeanne s'aperçut qu'elle avait fait fausse route, et que la reine, en subissant l'accusation, en ne cédant pas à la crainte du bruit, engageait le cardinal à l'imiter ; que les deux loyautés finiraient par s'entendre et par trouver la lumière, et que, même si elles succombaient, ce serait dans une chute si terrible qu'elles broieraient sous elles la pauvre petite Valois, princesse d'un million volé, qu'elle n'avait même plus sous la main pour corrompre ses juges.

On en était là quand un nouvel épisode se produisit, qui changea la face des choses.

M. de Beausire et Mademoiselle Oliva vivaient heureux et riches dans le fond d'une maison de campagne, quand, un jour, monsieur, qui avait laissé madame au logis pour s'en aller chasser, tomba dans la société de deux des agents que M. de Crosne éparpillait par toute la France pour obtenir un dénouement à cette intrigue.

Les deux amants ignoraient tout ce qui se passait à Paris ; ils ne songeaient guère qu'à eux-mêmes. Mademoiselle Oliva engraissait comme une belette dans un grenier, et M. Beausire, avec le bonheur avait perdu cette inquiète curiosité, signe distinctif des oiseaux voleurs comme des hommes de proie, caractère que la nature a donné aux uns et aux autres pour leur conservation.

Beausire, disons-nous, était sorti ce jour-là pour chasser le lièvre. Il trouva un vol de perdrix qui lui fit traverser une route. Voilà comment, en cherchant autre chose que ce qu'il eût dû chercher, il trouva ce qu'il ne cherchait pas.

Les agents cherchaient aussi Oliva, et

ils trouvèrent Beausire. Ce sont là les caprices ordinaires de la chasse.

Un de ces limiers était homme d'esprit. Quand il eut bien reconnu Beausire, au lieu de l'arrêter tout brutalement, ce qui n'eût rien rapporté, il fit le projet suivant avec son compagnon.

— Beausire chasse ; il est donc assez libre et assez riche ; il a peut-être cinq à six louis dans sa poche, mais il est possible qu'il ait deux ou trois cents louis à son domicile. Laissons-le rentrer à ce domicile ; pénétrons-y et mettons-le à rançon. Beausire, rendu à Paris, ne nous rapportera que cent livres, comme toute prise ordinaire ; encore nous grondera-t-on d'avoir encombré la prison, pour un personnage peu considérable. Faisons, de Beausire, une spéculation personnelle.

Ils se mirent à chasser la perdrix comme M. Beausire, le lièvre comme M. Beausire, et appuyant les chiens quand c'était un lièvre, et rabattant dans la luzerne quand c'était à la perdrix, ils ne quittèrent pas leur homme d'une semelle.

Beausire, voyant les étrangers qui se

mêlaient de sa chasse, fut d'abord très étonné, et puis très courroucé. Il était devenu jaloux de son gibier, comme tout bon gentillâtre; mais il était aussi ombrageux à l'endroit des nouvelles connaissances. Au lieu d'interroger lui-même ces accolytes que le hasard lui donnait, il poussa droit à un garde qu'il apercevait dans la plaine, et le chargea d'aller demander à ces messieurs pourquoi ils chassaient sur cette terre.

Le garde répliqua qu'il ne connaissait pas ces messieurs pour être du pays, et il ajouta que son désir était de les interrompre dans leur chasse, ce qu'il fit.

Mais les deux étrangers répliquèrent qu'ils chassaient avec leur ami, le monsieur là-bas.

Ils désignaient ainsi Beausire. Le garde les conduisit à lui, malgré tout le chagrin que cette confrontation causait au gentilhomme chasseur.

— Monsieur de Linville, dit-il, ces messieurs prétendent qu'ils chassent avec vous.

— Avec moi! sécria Beausire irrité, ah! par exemple!

— Tiens! lui dit l'un des agents tout

bas, vous vous appelez donc aussi M. de Linville, mon cher Beausire?

Beausire tressaillit, lui qui cachait si bien son nom dans ce pays.

Il regarda l'agent, puis son compagnon en homme effaré, crut reconnaître vaguement ces figures, et afin de ne pas envenimer les choses, il congédia le garde en prenant sur lui la chasse de ces messieurs.

— Vous les connaissez donc? fit le garde.

— Oui, nous venons de nous reconnaître, répliqua un des agents.

Alors Beausire se trouva en présence des deux chasseurs, bien embarrassé de leur parler sans se compromettre.

— Offrez-nous à déjeuner, Beausire, dit le plus adroit des agents, chez vous.

— Chez moi! mais... s'écria Beausire.

— Vous ne nous ferez pas cette impolitesse, Beausire.

Beausire avait perdu la tête; il se laissa

conduire bien plutôt qu'il ne conduisit.

Les agents, dès qu'ils aperçurent la petite maison, en louèrent l'élégance, la position, les arbres et la perspective comme des gens de goût devaient le faire, et, en réalité, Beausire avait choisi un endroit charmant pour y poser le nid de ses amours.

C'était un vallon boisé coupé par une petite rivière ; la maison s'élevait sur un talus au levant. Une guérite, sorte de clocheton sans cloche servait d'observatoire à Beausire pour dominer la campagne, au jour de spleen, alors que ses idées roses se fanaient et qu'il voyait des alguazils dans chaque laboureur penché sur la charrue.

D'un seul côté, cette habitation était visible et riante ; des autres, elle disparaissait sous les bois et les plis du terrain.

— Comme on est bien caché là-dedans ! lui dit un agent avec admiration.

Beausire frémit de la plaisanterie, et entra le premier dans sa maison, aux aboiements des chiens de cour.

Les agents l'y suivirent avec force cérémonies.

X

Les tourtereaux sont mis en cage.

En entrant par la porte de la cour, Beausire avait son idée : il voulait faire assez de bruit pour prévenir Oliva d'être sur ses gardes. Beausire, sans rien savoir de l'affaire du collier, savait assez de choses touchant l'affaire du bal de l'Opéra et celle du baquet de Mesmer pour redouter de montrer Oliva à des inconnus.

Il agit raisonnablement; car la jeune femme, qui lisait des romans frivoles sur le sofa de son petit salon, entendit aboyer les chiens, regarda dans la cour, et vit Beausire accompagné; ce qui l'empêcha de se porter au-devant de lui comme à l'ordinaire.

Malheureusement, ces deux tourtereaux n'étaient pas hors des serres des vautours. Il fallut commander le déjeûner, et un valet maladroit, — les gens de campagne ne sont pas des Frontins,

— demanda deux ou trois fois s'il fallait prendre les ordres de Madame.

Ce mot-là fit dresser les oreilles aux limiers. Ils raillèrent agréablement Beausire sur cette dame cachée, dont la compagnie était pour un ermite l'assaisonnement de toutes les félicités que donnent la solitude et l'argent.

Beausire se laissa railler, mais il ne montra pas Oliva.

On servit un gros repas auquel les deux agents firent honneur. On but beaucoup et l'on porta souvent la santé de la dame absente.

Au dessert, les têtes s'étant échauffées, messieurs de la police jugèrent qu'il serait inhumain de prolonger le supplice de leur hôte. Ils amenèrent adroitement la conversation sur le plaisir qu'il y a pour les bons cœurs à retrouver d'anciennes connaissances.

Sur quoi Beausire, en débouchant un flacon de liqueur des îles, demanda aux deux inconnus à quel endroit et dans quelle circonstance il les avait pu rencontrer.

— Nous étions, dit l'un d'eux, les amis d'un de vos associés lors d'une petite affaire que vous fîtes en participation avec plusieurs, — l'affaire de l'ambassade de Portugal.

Beausire pâlit. Quand on touche à des affaires pareilles, ont croit toujours sentir un bout de corde dans les plis de sa cravate.

— Ah! vraiment, dit-il tremblant d'embarras, et vous venez me demander pour votre ami...

— Au fait, c'est une idée, dit l'alguazil à son camarade, l'introduction est plus honnête ainsi. Demander une restitution au nom d'un ami absent, c'est moral.

— De plus, cela réserve tous droits sur le reste, répliqua l'ami de ce moraliste, avec un sourire aigre-doux qui fit frémir Beausire de la tête aux pieds.

— Donc?... reprit-il.

— Donc, cher monsieur Beausire, il nous serait agréable que vous rendissiez à l'un de nous la part de notre ami. Une dizaine de mille livres, je crois.

— Au moins, car on ne parle pas des intérêts, fit le camarade positif.

— Messieurs, répliqua Beausire étranglé par la fermeté de cette demande : on n'a pas dix mille livres chez soi, à la campagne.

— Cela se comprend, cher monsieur, et nous n'exigeons que le possible. Combien pouvez-vous donner tout de suite ?

— J'ai cinquante à soixante louis, pas davantage.

— Nous commencerons par les prendre et vous remercierons de votre courtoisie.

— Ah ! pensa Beausire, charmé de

leur facilité, ils sont de bien bonne composition. Est-ce que par hasard ils auraient aussi peur de moi que j'ai peur d'eux ? Essayons.

Et il se prit à réfléchir que ces messieurs, en criant bien haut ne réussiraient qu'à s'avouer ses complices, et que pour les autorités de la province ce serait une mauvaise recommandation. Beausire, conclut que ces gens-là se déclareraient satisfaits et qu'ils garderaient un absolu silence.

Il alla, dans son imprudente confiance, jusqu'à se repentir de n'avoir pas offert trente louis au lieu de soixante ; mais il se promit de se débarrasser bien vite après la somme donnée.

Il comptait sans ses hôtes ; ces derniers se trouvaient bien chez lui ; ils goûtaient cette satisfaction béate que procure une agréable digestion ; ils étaient bons pour le moment, parce que se montrer méchants les eût fatigués.

— C'est un charmant ami que Beausire, dit le Positif à son ami. Soixante louis qu'il nous donne sont gracieux à prendre.

— Je vais vous les donner tout de suite,

s'écria l'hôte, effrayé de voir ses convives éclater en bachiques familliarités.

— Rien ne presse, dirent les deux amis.

— Si fait, si fait, je ne serai libre de ma conscience qu'après avoir payé. On est délicat, ou on ne l'est pas.

Et il les voulut quitter pour aller chercher l'argent.

Mais ces messieurs avaient des habitudes de recors, habitudes enracinées que l'on perd difficilement lorsqu'on les a une fois prises. Ces messieurs ne savaient pas se séparer de leur proie quand une fois ils la tenaient. Ainsi le bon chien de chasse ne lâche-t-il sa perdrix blessée que pour la remettre au chasseur.

Le bon recors est celui qui, la prise faite, ne la quitte ni du doigt ni de l'œil. Il sait trop bien comme le destin est capricieux pour les chasseurs, et combien ce que l'on ne tient plus est loin.

Aussi tous deux, avec un ensemble admirable, se mirent-ils, tout étourdis qu'ils étaient, à crier :

— Monsieur Beausire ! mon cher Beausire !

Et à l'arrêter par les pans de son habit de drap vert.

— Qu'y a-t-il ? demanda Beausire.

— Ne nous quittez pas, par grâce, dirent-ils en le forçant galamment de se rasseoir.

— Mais comment voulez-vous que je vous donne votre agent, si vous ne me laissez pas monter ?

— Nous vous accompagnerons, répondit le Positif avec une tendresse effrayante.

— Mais c'est... la chambre de ma femme, répliqua Beausire.

Ce mot, qu'il regardait comme une fin de non recevoir, fut pour les sbires l'étincelle qui mit le feu aux poudres.

Leur mécontentement qui couvait — un recors est toujours mécontent de quelque chose — prit une forme, un corps, une raison d'être.

— Au fait ! cria le premier des agents,

pourquoi cachez-vous votre femme?

— Oui. Est-ce que nous ne sommes pas présentables? dit le second.

— Si vous saviez ce qu'on fait pour vous, vous seriez plus honnête, reprit le premier.

— Et vous nous donneriez tout ce que nous vous demandons, ajouta témérairement le second.

— Ah çà! mais vous le prenez sur un ton bien haut, Messieurs, dit Beausire.

— Nous voulons voir ta femme, répondit le sbire Positif.

— Et moi, je vous déclare que je vais vous mettre dehors, cria Beausire, fort de leur ivresse.

Ils lui répliquèrent par un éclat de rire qui aurait dû le rendre prudent. Il n'en tint compte et s'obstina.

— Maintenant, dit-il, vous n'aurez pas même l'argent que j'avais promis, et vous décamperez.

Ils rirent plus formidablement encore que la première fois.

Beausire tremblant de colère :

— Je vous comprends, dit-il d'une voix étouffée, vous ferez du bruit et vous parlerez ; mais si vous parlez, vous vous perdrez comme moi.

Ils continuèrent de rire entr'eux, la plaisanterie leur paraissait excellente. Ce fut leur seule réponse.

Beausire crut les épouvanter par un coup de vigueur et se précipita vers l'escalier, non plus comme un homme qui va chercher des louis, mais comme un furieux qui va chercher une arme.

Les sbires se levèrent de table, et, fidèles à leur principe, coururent après Beausire, sur lequel ils jetèrent leurs larges mains.

Celui-ci cria, une porte s'ouvrit, une femme parut, troublée, effarée, sur le seuil des chambres du premier étage.

En la voyant, les hommes lâchèrent Beausire et poussèrent aussi un cri, mais de joie, mais de triomphe, mais d'exaltation sauvage.

Ils venaient de reconnaître celle qui ressemblait si fort à la reine de France.

Beausire, qui les crut un moment désarmés par l'apparition d'une femme, fut bientôt et cruellement désillusionné.

Le Positif s'approcha de Mademoiselle Oliva, et, d'un ton trop peu poli, eu égard à la ressemblance :

— Ah! ah! fit-il, je vous arrête.

— L'arrêter! cria Beausire; et pourquoi ?...

—Parce que Monsieur de Crosne nous en a donné l'ordre, repartit l'autre agent, et que nous sommes au service de M. de Crosne.

La foudre tombant entre les deux amants les eût moins épouvantés que cette déclaration.

— Voilà ce que c'est, dit le Positif à Beausire, que de n'avoir pas été gentil.

Il manquait de logique cet agent, et son compagnon le lui fit observer, en disant :

— Tu as tort, Legrigneux, car si Beausire eût été gentil, il nous eût montré Madame, et de toute façon nous eussions pris Madame.

Beausire avait appuyé dans ses mains sa tête brûlante. Il ne pensait même pas que ses deux valets, homme et femme, écoutaient au bas de l'escalier cette scène étrange qui se passait sur le milieu des marches.

Il eut une idée; elle lui sourit; elle le rafraîchit aussitôt.

— Vous êtes venus pour m'arrêter, moi? dit-il aux agents.

— Non, c'est le hasard, dirent-ils naïvement.

— N'importe, vous pouviez m'arrêter, et pour 60 louis vous me laissiez en liberté.

— Oh! non; notre intention était d'en demander encore soixante.

— Et nous n'avons qu'une parole, continua l'autre ; aussi, pour cent vingt louis nous vous laisserons libre.

— Mais.... Madame ? dit Beausire tremblant.

— Oh! Madame, c'est différent, répliqua le Positif.

— Madame vaut deux cents louis, n'est-ce pas ? se hâta de dire Beausire.

Les agents recommencèrent ce rire terrible, que, cette fois, Beausire comprit, hélas !

— Trois cents... dit-il, quatre cents... mille louis ! Tenez, je vous donnerai mille louis, mais vous la laisserez libre.

Les yeux de Beausire étincelaient tandis qu'il parlait ainsi :

—Vous ne répondez rien, dit-il ; vous

savez que j'ai de l'argent et vous voulez me faire payer, c'est trop juste. Je donnerai deux mille louis, quarante-huit mille livres, votre fortune à tous les deux, mais laissez-lui la liberté.

— Tu l'aimes donc beaucoup, cette femme? dit le Positif.

Ce fut au tour de Beausire à rire, et ce rire ironique fut tellement effrayant, il peignait si bien l'amour désespéré qui dévorait ce cœur flétri, que les deux sbires en eurent peur et se décidèrent à prendre des précautions pour éviter l'explosion du désespoir qu'on lisait dans l'œil égaré de Beausire.

Ils prirent chacun deux pistolets dans leur poche, et, les appuyant sur la poitrine de Beausire.

— Pour cent mille écus, dit l'un d'eux, nous ne te rendrions pas cette femme. M. de Rohan nous la paiera cinq cent mille livres, et la reine un million.

Beausire leva les yeux aux ciel avec une expression qui eût attendri toute autre bête féroce qu'un alguazil.

—Marchons, dit le Positif. Vous devez avoir ici une cariole, quelque chose de roulant; faites atteler ce carrosse à Madame, vous lui devez bien cela.

— Et comme nous sommes de bons diables, reprit l'autre, nous n'abuserons pas. On vous emmènera, vous aussi, pour la forme; sur la route, nous détournerons les yeux, vous sauterez à bas de la cariole, et nous ne nous en apercevrons que lorsque vous aurez mille pas d'avance. Est-ce un bon procédé, hein?

Beausire répondit seulement :

— Où elle va, j'irai. Je ne la quitterai jamais dans cette vie.

— Oh! ni dans l'autre! ajouta Oliva, glacée de terreur.

— Eh bien! tant mieux, interrompit le Positif, plus on conduit de prisonniers à M. de Crosne, plus il rit.

Un quart d'heure après, la carriole de Beausire partait de la maison, avec les deux amants captifs et leurs gardiens.

XI

La bibliothèque de la reine.

On peut juger de l'effet que produisit cette capture sur M. de Crosne.

Les agents ne reçurent probablement pas le million qu'ils espéraient, mais il y a tout lieu de penser qu'ils furent satisfaits.

Quant au lieutenant de police, après s'être bien frotté les mains en signe de contentement, il se rendit à Versailles dans un carrosse, à la suite duquel venait un autre carrosse hermétiquement fermé et cadenassé.

C'était le lendemain du jour où le Positif et son ami avaient remis Nicole entre les mains du chef de la police.

M. de Crosne fit entrer ses deux carrosses dans Trianon, descendit de celui qu'il occupait, et laissa l'autre à la garde de son premier commis.

Il se fit admettre chez la reine à laquelle, tout d'abord, il avait envoyé demander une audience à Trianon.

La reine, qui n'avait garde depuis un mois de négliger tout ce qui lui arrivait de la part de la police, obtempéra sur-le-champ à la demande du ministre ; elle vint, dès le matin, dans sa maison favorite, et peu acconpagnée, en cas de secret nécessaire.

Dès que M. de Crosne eût été introduit près d'elle, à son air rayonnant, elle jugea que les nouvelles étaient bonnes.

Pauvre femme! depuis assez longtemps elle voyait autour d'elle des visages sombres et réservés.

Un battement de joie, le premier depuis trente mortels jours, agita son cœur blessé par tant d'émotions mortelles.

Le magistrat, après lui avoir baisé la main :

— Madame, dit-il, Sa Majesté a-t-elle à Trianon uue salle où, sans être vue, elle puisse voir ce qui se passe?

— J'ai ma bibliothèque, répondit la reine; derrière les placards, j'ai fait ménager des jours dans mon salon de collation, et, quelquefois, en goûtant, je m'amusais, avec madame de Lamballe ou avec mademoiselle de Taverney, *quand je l'avais*, à regarder les grimaces comiques de l'abbé Vermond, lorsqu'il tombait sur un pamphlet où il était question de lui.

— Fort bien, Madame, répondit M. de Crosne. Maintenant, j'ai en bas un carrosse que je voudrais faire entrer dans le château sans que le contenu du carrosse fût vu de personne, si ce n'est de Votre Majesté.

—Rien de plus aisé, répliqua la reine; où est-il votre carrosse?

— Dans la première cour, Madame.

— La reine sonna, quelqu'un vint prendre ses ordres.

—Faites entrer le carrosse que M. de Crosne vous désignera, dit-elle, dans le grand vestibule, et fermez les deux portes de telle sorte qu'il y fasse noir, et que personne ne voie avant moi les curiosités que M. de Crosne m'apporte.

L'ordre fut exécuté. On savait respecter, bien plus que des ordres, les caprices de la reine. Le carrosse entra sous la voûte près du logis des gardes et versa son contenu dans le corridor sombre.

— Maintenant, Madame, dit M. de Crosne, veuillez venir avec moi dans votre salon de collation et donner ordre qu'on laisse entrer mon commis, avec ce qu'il apportera dans la bibliothèque.

Dix minutes après la reine épiait, palpitante derrière ses casiers.

Elle vit entrer dans la bibliothèque une forme voilée, que dévoila le commis et qui, reconnue, fit pousser un cri d'effroi à la reine. C'était Oliva, vêtue de l'un des costumes les plus aimés de Marie-Antoinette.

Elle avait la robe verte à larges bandes moirées noir, la coiffure élevée que préférait la reine, des bagues pareilles aux siennes, les mules de satin vert à talons énormes : c'était Marie-Antoinette elle-même, moins le sang des Césars, que remplaçait le fluide plébéïen mobile de toutes les voluptés de M. Beausire.

La reine crut se voir dans une glace opposée ; elle dévora des yeux cette apparition.

— Que dit Votre Majesté de cette ressemblance ? fit alors M. de Crosne, triomphant de l'effet qu'il avait produit.

— Je dis..., je dis, Monsieur..., balbutia la reine éperdue. Ah ! Olivier, pensa-t-elle, pourquoi n'êtes-vous pas là ?

— Que veut Votre Majesté?

— Rien, Monsieur, rien, sinon que le roi sache bien...

— Et que M. de Provence voie, n'est-ce pas, Madame?

— Oh! merci, M. de Crosne, merci. Mais que fera-t-on à cette femme?

— Est-ce bien à cette femme que l'on attribue tout ce qui s'est fait? demanda M. de Crosne.

— Vous tenez sans doute les fils du complot?

—A peu près, Madame.

— Et M. de Rohan ?

— M. de Rohan ne sait rien encore.

— Oh! dit la reine en cachant sa tête dans ses mains, cette femme-là, Monsieur, est, je le vois, toute l'erreur du cardinal!

—Soit, Madame, mais si c'est l'erreur de M. de Rohan, c'est le crime d'un autre !

—Cherchez bien, Monsieur, vous avez l'honneur de la maison de France entre vos mains.

— Et croyez, Madame, qu'il est bien placé, répondit M. de Crosne.

— Le procès? fit la reine.

— Est en chemin. Partout on nie ; mais j'attends le bon moment pour lancer cette pièce de conviction que vous avez là dans votre bibliothèque.

— Et madame de La Mothe?

— Elle ne sait pas que j'ai trouvé cette fille et accuse M. de Cagliostro d'avoir monté la tête au cardinal jusqu'à lui faire perdre la raison.

— Et M. de Cagliostro ?

— M. de Cagliostro, que j'ai fait interroger, m'a promis de me venir voir ce matin même.

— C'est un homme dangereux.

— Ce sera un homme utile. Piqué par une vipère telle que madame de La Mothe, il absorbera le venin, et nous rendra du contre-poison.

— Vous espérez des révélations ?

— J'en suis sûr.

— Comment cela, Monsieur? oh! dites-moi tout ce qui peut me rassurer.

— Voici mes raisons, Madame : madame de La Mothe habitait rue Saint-Claude...

— Je sais, je sais, dit la reine en rougissant.

— Oui, Votre Majesté fit l'honneur à cette femme de lui être charitable.

— Elle m'en a bien payée! n'est-ce pas! — Donc, elle habitait rue Saint-Claude.

— Et M. de Cagliostro habite précisément en face.

— Et vous supposez?...

— Que s'il y a eu un secret pour l'un ou pour l'autre de ces deux voisins, le secret doit appartenir à l'un et à l'autre. — Mais pardon, Madame, voici bientôt l'heure à laquelle j'attends à Paris M. de Cagliostro, et pour rien au monde je ne voudrais retarder ces explications..

— Allez, Monsieur, allez, et encore

une fois soyez assuré de ma reconnaissance.

— Voilà donc, s'écria-t-elle tout en pleurs, quand M. de Crosne fut parti, voilà une justification qui commence. Je vais lire mon triomphe sur tous les visages. Celui du seul ami auquel je tienne à prouver que je suis innocente, celui-là seul, je ne le verrai pas!

Cependant, M. de Crosne volait vers Paris, et rentrait chez lui, où l'attendait M. de Cagliostro.

Celui-ci savait tout depuis la veille.

Il allait chez Beausire, dont il connaissait la retraite, pour le pousser à quitter la France, quand, sur la route, entre les deux agents, il le vit dans la carriole. Oliva était cachée au fond, toute honteuse et toute larmoyante.

Beausire vit le comte qui les croisait dans sa chaise de poste; il le reconnut. L'idée que ce seigneur mystérieux et puissant lui serait de quelque utilité changea toutes les idées qu'il s'était faites de ne jamais abandonner Oliva.

Il renouvela aux agents la proposition qu'ils lui avaient faite d'une évasion. Ceux-ci acceptèrent cent louis qu'il avait, et le lâchèrent malgré les pleurs de Nicole.

Cependant, Beausire en embrassant sa maîtresse lui dit à l'oreille :

— Espère ; je vais travailler à te sauver.

Et il arpenta vigoureusement dans le sens de la route que suivait Cagliostro.

Celui-ci s'était arrêté en tout état de cause ; il n'avait plus besoin d'aller chercher Beausire, puisque Beausire revenait. Il lui était expédient d'attendre Beausire, si quelquefois celui-ci faisait courir après lui.

Cagliostro attendait donc depuis une demi-heure au tournant de la route, quand il vit arriver pâle, essoufflé, demi-mort, le malheureux amant d'Oliva.

Beausire, à l'aspect du carrosse arrêté, poussa le cri de joie du naufragé qui touche une planche.

— Qu'y a-t-il, mon enfant? dit le comte en l'aidant à monter près de lui.

Beausire raconta toute sa lamentable histoire, que Cagliostro écouta en silence.

— Elle est perdue, lui dit-il ensuite.

— Comment celà? s'écria Beausire.

Cagliostro lui raconta ce qu'il ne savait pas, l'intrigue de la rue Saint-Claude et celle de Versailles.

Beausire faillit s'évanouir.

— Sauvez-la, sauvez-la, dit-il en tombant à deux genoux dans le carrosse, et je vous la donnerai si vous l'aimez toujours.

— Mon ami, répliqua Cagliostro, vous êtes dans l'erreur, je n'ai jamais aimé mademoiselle Oliva ; je n'avais qu'un but, celui de la soustraire à cette vie de débauches que vous lui faisiez partager.

— Mais... dit Beausire, surpris.

— Cela vous étonne ? Sachez donc que je suis l'un des syndics d'une société de réforme morale, ayant pour but d'arracher au vice tout ce qui peut offrir des chances de guérison. J'eusse guéri Oliva en vous l'ôtant, voilà pourquoi je vous l'ai ôtée. Qu'elle dise si jamais elle a entendu de ma bouche un mot de galanterie ; qu'elle dise si mes services n'ont pas toujours été désintéressés !

— Raison de plus, Monsieur ; sauvez-la ! sauvez-la !

— J'y veux bien essayer ; mais cela dépendra de vous, Beausire.

— Demandez-moi ma vie.

— Je ne demanderai pas tant que cela. Revenez à Paris avec moi, et si vous suivez de point en point mes instructions, peut-être sauverons-nous votre maîtresse. Je n'y mets qu'une condition.

— Laquelle, Monsieur?

— Je vous la dirai en nous en retournant chez moi, à Paris.

— Oh! j'y souscris d'avance; mais la revoir! la revoir!

— Voilà justement ce à quoi je pense; avant deux heures, vous la reverrez.

— Et je l'embrasserai ?

— J'y compte ; bien plus, vous lui direz ce que je vais vous dire.

Cagliostro reprit, avec Beausire, la route de Paris.

Deux heures après, c'était le soir, il avait rejoint la carriole.

Et une heure après, Beausire achetait cinquante louis aux deux agents le droit d'embrasser Nicole et de lui glisser les recommandations du comte.

Les agents admiraient cet amour passionné, ils se promettaient une cinquantaine de louis comme cela, à chaque double poste.

Mais Beausire ne reparut plus, et la chaise de Cagliostro l'emporta rapidement vers Paris, où tant d'évènements se préparaient.

Voilà ce qu'il était nécessaire d'apprendre au lecteur avant de lui montrer M. de Cagliostro causant d'affaires avec M. de Crosne.

Maintenant, nous pouvons l'introduire dans le cabinet du lieutenant de police.

XII

Le cabinet du lieutenant de police.

M. de Crosne savait de Cagliostro tout ce qu'un habile lieutenant de police peut savoir d'un homme habitant en France, et ce n'est pas peu dire. Il savait tous ses noms passés, tous ses secrets d'alchimiste, de magnétisme et de divination ; il savait ses prétentions à l'ubiquité, à la régénération perpétuelle : il le regardait comme un charlatan grand seigneur.

C'était un esprit fort que ce M. de Crosne, connaissant toutes les ressources de sa charge, bien en cour, indifférent à la faveur, ne composant pas avec son orgueil, un homme sur qui n'avait pas prise qui voulait.

A celui-là comme à M. de Rohan, Cagliostro ne pouvait offrir des louis chauds encore du fourneau hermétique ; à celui-là, Cagliostro n'eût pas offert le bout d'un pistolet, comme Balsamo à M. de

Sartines ; à celui-là, Balsamo n'avait plus de Lorenza à redemander, mais Cagliostro avait des comptes à rendre.

Voilà pourquoi le comte, au lieu d'attendre les évènements, avait cru devoir demander audience au magistrat.

M. de Crosne sentait l'avantage de sa position et s'apprêtait à en user. Cagliostro sentait l'embarras de la sienne et s'apprêtait à en sortir. Cette partie d'échecs, jouée à découvert, avait un enjeu que l'un des deux joueurs ne soupçonnait pas, et ce joueur, il faut l'avouer, ce n'était pas M. de Crosne.

Celui-ci ne connaissait, nous l'avons dit, de Cagliostro, que le charlatan, il ignorait absolument l'adepte. Aux pierres que sema la philosophie sur le chemin de la monarchie, tant de gens ne se sont heurtés que parce qu'ils ne les voyaient pas.

M. de Crosne attendait de Cagliostro des révélations sur le collier, sur les trafics de madame de Lamothe. C'était là son désavantage. Enfin, il avait droit d'interroger, d'emprisonner, c'était là sa supériorité.

Il reçut le comte en homme qui sent

son importance, mais qui ne veut manquer de politesse envers personne, pas même envers un phénomène.

Cagliostro se surveilla. Il voulut seulement rester grand seigneur, son unique faiblesse qu'il crut devoir laisser soupçonner.

— Monsieur, lui dit le lieutenant de police, vous m'avez demandé une audience. J'arrive de Versailles exprès pour vous la donner.

— Monsieur, j'avais pensé que vous auriez quelque intérêt à me questionner sur ce qui se passe, et, en homme qui connaît tout votre mérite et toute l'importance de vos fonctions, je suis venu à vous. Me voici.

— Vous questionner? fit le magistrat affectant la surprise; mais sur quoi, Monsieur, et en quelle qualité?

— Monsieur, répliqua nettement Cagliostro, vous vous occupez fort de madame de Lamothe, de la disparition du collier.

— L'auriez-vous trouvé? demanda M. de Crosne, presque railleur.

— Non, dit gravement le comte... Mais si je n'ai pas trouvé le collier, au moins sais-je que madame de Lamothe habitait rue Saint-Claude.

— En face de chez vous, Monsieur, je le savais aussi, dit le magistrat.

— Alors, Monsieur, vous savez ce que faisait madame de Lamothe... N'en parlons plus.

— Mais au contraire, dit M. de Crosne d'un air indifférent, parlons-en.

— Oh! cela n'avait de sel qu'à propos

de la petite Oliva, dit Cagliostro ; mais puisque vous savez tout sur madame de Lamothe, je n'aurais rien à vous apprendre.

Au nom d'Oliva, M. de Crosne tressaillit.

— Que dites-vous d'Oliva? demanda-t-il. Qui est-ce, Oliva ?

— Vous ne le savez pas ? Ah ! Monsieur, c'était une curiosité que je serais surpris de vous apprendre. Figurez-vous une fille très jolie, une taille... des yeux bleus, l'ovale du visage parfait; tenez, un genre de beauté qui rappelle un peu celui de S. M. la reine.

— Ah ! ah ! fit M. de Crosne, eh bien ?

— Eh bien ! cette fille vivait mal, cela me faisait peine ; elle avait autrefois servi un vieil ami à moi, M. de Taverney...

— Le baron ? qui est mort l'autre jour ?

— Précisément, oui, celui qui est mort. Elle avait en outre appartenu à un savant homme que vous ne connaissez pas, monsieur le lieutenant de police, et qui... Mais je fais double route, et je m'aperçois que je commence à vous gêner.

— Monsieur, veuillez continuer, je vous en prie, au contraire. Cette Oliva, disiez-vous?...

— Vivait mal, comme j'ai eu l'honneur de vous le dire. Elle souffrait une quasi-misère, avec certain drôle, son amant, pour la voler et la battre : un de vos plus ordinaires gibiers, Monsieur, un aigrefin que vous ne devez pas connaître..

— Certain Beausire, peut-être? dit le magistrat, heureux de paraître bien informé.

— Ah! vous le connaissez, c'est surprenant, dit Cagliostro avec admiration. Très bien, Monsieur, vous êtes encore plus devin que moi. Or, un jour que le Beausire avait plus battu et plus volé cette fille que de coutume, elle vint se réfugier près de moi et me demanda protection. Je suis bon, je donnai je ne sais quel coin de pavillon dans un de mes hôtels...

— Chez vous!... Elle était chez vous? s'écria le magistrat surpris.

— Sans doute, répliqua Cagliostro, affectant de s'étonner à son tour. Pourquoi ne l'aurais-je pas abritée chez moi, je suis garçon ?

Et il se mit à rire avec une si savante bonhomie que M. de Crosne tomba complètement dans le panneau.

—Chez vous ! répliqua-t-il ; c'est donc pour cela que mes agents ont tant cherché pour la trouver.

— Comment, cherché ! dit Cagliostro. On cherchait cette petite ? A-t-elle donc fait quelque chose que je ne sache pas?...

— Non, Monsieur, non ; poursuivez, je vous en conjure.

— Oh ! mon Dieu ! j'ai fini. Je la logeai chez moi ; voilà tout.

— Mais, non, non, monsieur le comte, ce n'est pas tout, puisque vous sembliez tout à l'heure associer à ce nom d'Oliva le nom de madame de La Mothe.

— Ah ! à cause du voisinage, dit Cagliostro.

— Il y a autre chose, monsieur le comte... Vous n'avez pas pour rien dit que madame de La Mothe et mademoiselle Oliva étaient voisines.

— Oh! mais cela tient à une circonstance qu'il serait inutile de vous rapporter. Ce n'est pas au premier magistrat du royaume qu'on doit aller conter des billevesées de rentier oisif.

— Vous m'intéressez, Monsieur, et plus que vous ne croyez ; car cette Oliva que vous dites avoir été logée chez vous, je l'ai trouvée en province.

— Vous l'avez trouvée ?...

— Avec le M. de Beausire...

— Eh bien! je m'en doutais, s'écria Cagliostro. Elle était avec Beausire? Ah! fort bien! fort bien! Réparation soit faite à madame de La Mothe.

— Comment? que voulez-vous dire? repartit M. de Crosne.

— Je dis, Monsieur, qu'après avoir un moment soupçonné madame de La Mothe, je lui fais réparation pleine et entière.

— Soupçonné! De quoi?

—Bon Dieu! vous écoutez donc patiemment tous les commérages? Eh bien ! sachez qu'au moment où j'avais espoir de corriger cette Oliva, de la rejeter dans le travail et l'honnêteté, — je m'occupe de morale, Monsieur, — à ce moment-là, quelqu'un vint qui me l'enleva.

— Qui vous l'enleva ! Chez vous?

— Chez moi.

— C'est étrange.

— N'est-ce pas ? Et je me fusse damné pour soutenir que c'était madame de La

Mothe. A quoi tiennent les jugements du monde!

M. de Crosne se rapprocha de Cagliostro.

— Voyons, dit-il, précisez, s'il vous plaît.

— Oh! Monsieur, à présent que vous avez trouvé Oliva avec Beausire, rien ne me fera penser à madame de La Mothe, ni ses assiduités, ni ses signes, ni ses correspondances.

— Avec Oliva?

— Mais oui.

— Madame de La Mothe et Oliva s'entendaient?

— Parfaitement.

— Elles se voyaient?

— Madame de La Mothe avait trouvé moyen de faire sortir chaque nuit Oliva.

— Chaque nuit! en êtes-vous sûr.

—Autant qu'un homme peut l'être de ce qu'il a vu, entendu.

— Oh! Monsieur, mais vous me dites là des choses que je paierais mille livres le mot! Quel bonheur pour moi que vous fassiez de l'or!

— Je n'en fais plus, Monsieur, c'était trop cher.

— Mais vous êtes l'ami de M. de Rohan?

— Je le crois.

— Mais vous devez savoir pour combien cet élément d'intrigues qu'on appelle madame de La Mothe entre dans son affaire scandaleuse?

— Non; je veux ignorer cela.

— Mais vous savez peut-être les suites de ces promenades faites par Oliva et madame de La Mothe?

— Monsieur, il est des choses que l'homme prudent doit toujours tâcher d'ignorer, repartit sentencieusement Cagliostro.

— Je ne vais plus avoir l'honneur que de vous demander une chose, dit vivement M. de Crosne. Avez-vous des preuves que madame de La Mothe ait correspondu avec Oliva ?

— Cent.

— Lesquelles ?

— Des billets de madame de La Mothe qu'elle lançait chez Oliva avec une arbalète qu'on trouvera sans doute en son logis. Plusieurs de ces billets, roulés autour d'un morceau de plomb, n'ont pas atteint le but. Ils tombaient dans la rue, mes gens ou moi nous en avons ramassé plusieurs.

— Monsieur, vous les fourniriez à la justice ?

— Oh! Monsieur, ils sont d'une telle innocence, que je ne m'en ferais pas scrupule et que je ne croirais pas pour cela mériter un reproche de la part de madame de La Mothe.

— Et... les preuves des connivences, des rendez-vous ?

— Mille.

— Une seule, je vous prie.

— La meilleure. Il paraît que madame de La Mothe avait facilité d'entrer dans ma maison pour voir Oliva, car je l'y ai vue, moi, le jour même où disparut la jeune femme.

— Le jour même?

— Tous mes gens l'ont vue comme moi.

— Ah!... et que venait-elle faire, si Oliva avait disparu?...

— C'est ce que je me suis demandé d'abord, et je ne me l'expliquais pas. J'avais vu madame de La Mothe descendre d'une voiture de poste qui attendait, rue du Roi-Doré. Mes gens avaient vu stationner longtemps cette voiture, et ma pensée, je l'avoue, était que madame de La Mothe voulait s'attacher Oliva ?

— Vous laissiez faire ?

— Pourquoi non? C'est une dame charitable et favorisée du sort, cette madame de La Mothe. Elle est reçue à la cour. Pourquoi, moi, l'eussé-je empêchée de me débarrasser d'Oliva ? J'aurais eu tort, vous le voyez, puisqu'un autre me l'a enlevée pour la perdre encore.

— Ah! dit M. de Crosne, méditant

profondément, mademoiselle Oliva était logée chez vous?

— Oui, Monsieur.

— Ah! mademoiselle Oliva et madame de La Mothe se connaissaient, se voyaient, sortaient ensemble?

— Oui, Monsieur.

— Ah! madame de La Mothe a été vue chez vous, le jour de l'enlèvement d'Oliva?

— Oui, Monsieur.

— Ah! vous avez pensé que la comtesse voulait s'attacher cette fille?

— Que penser autrement?

— Mais qu'a dit madame de La Mothe, quand elle n'a plus trouvé Oliva chez vous?

— Elle m'a paru troublée.

— Vous supposez que c'est ce Beausire qui l'a enlevée?

— Je le suppose uniquement parce que vous me dites qu'il l'a enlevée en effet, sinon je ne soupçonnerais rien. Cet homme-là ne savait pas la demeure d'Oliva. Qui peut la lui avoir apprise?

— Oliva elle-même.

— Je ne crois pas, car au lieu de se faire enlever par lui chez moi, elle se fût enfuie de chez moi chez lui, et je vous prie de croire qu'il ne fût pas entré chez moi, si madame de La Mothe ne lui eût fait passer une clé.

— Elle avait une clé?

— On n'en peut pas douter.

— Quel jour l'enleva-t-on, je vous prie? dit M. de Crosne, éclairé soudain par le flambeau que lui tendait si habilement Cagliostro.

— Oh! Monsieur, pour cela je ne me

tromperai pas, c'était la propre veille de la Saint-Louis.

— C'est cela! s'écria le lieutenant de police, c'est cela! Monsieur, vous venez de rendre un service signalé à l'État.

— J'en suis bien heureux, Monsieur.

— Et vous en serez remercié comme il convient.

— Par ma conscience d'abord, dit le comte.

M. de Crosne le salua.

— Puis-je compter sur la consignation de ces preuves dont nous parlions? dit-il.

— Je suis, Monsieur, pour obéir à la justice en toutes choses.

— Eh bien! Monsieur, je retiendrai votre parole; à l'honneur de vous revoir.

Et il congédia Cagliostro, qui dit en sortant :

— Ah! comtesse, ah! vipère, tu as voulu m'accuser; je crois que tu as mordu sur la lime; gare à tes dents!

FIN DU DIXIÈME VOLUME.

TABLE

Chap. I. Les procès-verbaux 1
II. Une dernière accusation. 25
III. La demande en mariage 47
IV. Saint-Denis. 71
V. Un cœur mort. 94
VI. Où il est expliqué pourquoi le baron engraissait 117
VII. Le père et la fiancée 143
VIII. Après le dragon, la vipère 167
IX. Comment il se fit que M. de Beausire en croyant chasser le lièvre fut chassé lui-même par les agents de M. de Crosne. 197
X. Les tourtereaux sont mis en cage. . . 221
XI. La bibliothèque de la reine. 249
XII. Le cabinet du lieutenant de police. . . 275

Sceaux. — Imprimerie de E. Dépée.

EN VENTE :

LES BELLES DE NUIT
Par PAUL FÉVAL. — 2 vol. in-8.

LES ILES DE GLACE
Par G. DE LA LANDELLE. — 4 vol. in-8.

JACQUES DE BRANCION
Par le Marquis DE FOUDRAS. — 3 vol. in-8.

LES CONFESSIONS D'UN BOHÊME
Par X. DE MONTÉPIN. — 3 vol. in-8.

HÉLÈNE
Par Madame CHARLES REYBAUD. — 2 vol. in-8.

UN CAPRICE DE GRANDE DAME
Par le Marquis DE FOUDRAS. — 3 vol. in-8.

UN MARI CONFIDENT
Par Mme SOPHIE GAY. — 2 vol. in-8.

TRISTAN LE ROUX
Par A. DUMAS fils. — 3 vol. in-8.

LOUIS XV
Par ALEXANDRE DUMAS. — 5 vol. in-8.

Sceaux. — Imprimerie de E. Dépée.

www.ingramcontent.com/pod-product-compliance
Lightning Source LLC
Chambersburg PA
CBHW071521160426
43196CB00010B/1598